Udo Ehrich

Unbewältigte
NS-Vergangenheit

Die Entnazifizierung von Polizei und Justiz
und die Anwendung des Art. 131 Grundgesetz

Udo Ehrich

Unbewältigte NS-Vergangenheit
Die Entnazifizierung von Polizei und Justiz und die
Anwendung des Art. 131 GG

2. Auflage 2017

1. Auflage 2016: Entnazifizierung und Wiedereinstellung der Juristen

© Udo Ehrich 2017
Herstellung und Verlag:
BoD – Books on Demand, Norderstedt
ISBN 978-3-7460-4753-9
http://www.bod.de/
Umschlaggestaltung: Udo Ehrich

Bibliographische Information der Deutschen Nationalbibliothek: Die Deutsche Nationalbibliothek verzeichnet
diese Publikation in der Deutschen Nationalbibliogra-
phie; detaillierte bibliographische Daten sind im Internet
über <http://dnb.d-nb.de> abrufbar.

Inhaltsverzeichnis

Über diesen Text

Wer auf die Nachkriegszeit zurückblickt wird feststellen, daß die Entnazifizierung der Justiz alles andere als eine Erfolgsgeschichte war. Verschiedene Faktoren trugen dazu bei, daß aus der Entnazifizierung fast alle Richter unbeschadet hervorgingen. Kein Berufsrichter mußte sich dafür verantworten, daß er im Dritten Reich Todesurteile verhängt hatte.[1]

Die Befassung mit diesem Thema nahm ihren Anfang in der politikwissenschaftlichen Seminararbeit »Personelle Kontinuität oder Neuanfang?«, die zunächst im Grin-Verlag veröffentlicht wurde. Seinerzeit stand die Entnazifizierung bei der Polizei im Mittelpunkt der Arbeit. In diesem Buch tritt nun das Thema der Entnazifizierung der Juristen, genauer gesagt: der Richter hinzu, die ihre Arbeit mit allenfalls leichten Karriereknicks nach dem Ende der Nazi-Diktatur fortsetzen konnten. Hierin mag auch ein Grund liegen, weshalb das Wirken der Richterschaft im Dritten Reich über lange Zeit nicht aufgearbeitet, sondern verdrängt wurde.

Parallelen zur Entnazifizierung der Polizei sind unmittelbar augenfällig. Hier wie dort war die Aufklärung der Verstrickungen der »alten Kollegen« unerwünscht und hier wie dort hatte das Schweigen über die Vergangenheit Vorrang vor der Aufarbeitung

Gerade in zentralen Bereichen des Staates, dessen Glaubwürdigkeit und Offenheit für die Gesellschaft von Bedeutung war, wurde die Aufklärung und Aufarbeitung

---

[1] Rasehorn: Zur „Renazifizierung" der Nachkriegsjustiz (ZRP 2000, 127)

vermieden. Dabei waren Polizei und Justiz nicht die einzigen Institutionen, bei denen zwischen 1933 und 1945 plötzlich ein großes schwarzes Loch klaffte. Auch Unternehmen und weitere Einrichtungen der Gesellschaft bis hin zu den Bürgern selbst empfanden die Aufarbeitung der NS-Vergangenheit in den Jahren nach der Niederlage des Dritten Reiches als Zumutung und wollten den Schlußstrich lieber heute statt morgen ziehen. Erst in der jüngeren Vergangenheit findet eine kritische Aufarbeitung der Institutionen von Staat, Wirtschaft und Gesellschaft zunehmend statt.

In dem Spielfilm »Das Urteil von Nürnberg« steht ein Prozeß gegen Nazi-Richter im Mittelpunkt der Handlung. Dieser Spielfilm stellt wesentliche Probleme dar, die sich während der späteren Prozesse gegen Nazi-Größen und in diesem Falle Richter ergeben haben. Der Verteidiger eines Richters wies darauf hin, daß Richter die Gesetze nicht machten sondern anwendeten. Dies war auch in der Realität der Nachkriegsjahre eine gängige Rechtfertigung dafür, daß sich Richter mit ihren Urteilen am NS-Unrecht beteiligten.

Erleichtert wurden den Richtern, wie auch den Polizisten, den Unternehmen und allen anderen in die Verbrechen der Nazis verstrickten Personen ihre Flucht aus der Vergangenheit durch eine allgemeine Stimmung in der Bevölkerung, die an den Nazi-Verbrechen und deren Aufarbeitung nicht interessiert war sowie dem beginnenden Kalten Krieg. Weil die Alliierten es für wichtiger hielten, die Bundesrepublik als Partner und Frontstaat im Kalten Krieg zu gewinnen, ließ auch bei ihnen der Wunsch nach, die Täter des Dritten Reiches strafrechtlich zu verfolgen. Die Verantwortung ging schließlich in deutsche Hände über. Was folgte, war eine Welle der

Amnestien und somit der strafrechtliche Schlußstrich unter die Greueltaten der Nazis und ihrer Helfer. Dies geschah im Wesentlichen unter dem Beifall der Bevölkerung, die sich nach dem verlorenen Krieg und der allgemeinen Not für die Herrschaft Hitlers genug gestraft sah.

Mit der gescheiterten Entnazifizierung wurden die Opfer der Nazi-Herrschaft ein weiteres Mal zu Opfern. Weil der überwiegende Großteil der Täter durch die Entnazifizierung reingewaschen wurde, verblieben zahllose Opfer ohne Genugtuung. Dies zeigt sich auch darin, daß die Aufhebung von Unrechtsurteilen der Nazi-Justiz wie auch die finanzielle Entschädigung der Opfer des NS-Regimes lange auf sich warten ließ.

Darüber hinaus wurde mit der Formulierung des Art. 131 im Grundgesetz sowie des darauf fußenden einfachen Gesetzes zahlreiche ehemals belastete Personen wieder in den Öffentlichen Dienst aufgenommen. Diese Seilschaft sowie die Begrenztheit der Stellen verhinderten auch, daß die ehemals von den Nazis entlassenen Mitarbeiter des öffentlichen Dienstes und der Polizei wieder eingestellt wurden. Gelangten sie doch in den Öffentlichen Dienst, wurden sie dort geschnitten oder, soweit sie sich um Aufarbeitung der Vergangenheit bemühten, als „Nestbeschmutzer" betrachtet.

Dies alles stellt den Hintergrund dar, auf dem die vorliegende Arbeit entstanden ist. Sie betrachtet den Prozeß der Entnazifizierung und zeigt, wie die ursprünglich ambitionierten Ziele der Alliierten nach und nach der Realpolitik wichen.

Einführung

Bis in die heutige Zeit scheint es Unternehmen und staatlichen Institutionen schwer zu fallen, sich mit ihrer Vergangenheit in der Zeit des Dritten Reiches auseinanderzusetzen. Noch immer kommen Historikerkommissionen zusammen, um die Rolle von Unternehmen und staatlichen Institutionen in der Nazi-Zeit zu durchleuchten und entsprechende Berichte zu veröffentlichen, so zum Beispiel das Bielefelder Unternehmen Dr. Oetker, das einer Forschungsgruppe Zugang zu den Archiven gewährte, um die NS-Vergangenheit des Unternehmens aufzuarbeiten und die Ergebnisse als Buch zu veröffentlichen. Auch im Bereich des Staates ist das Thema noch von Interesse und wird jetzt durch Forschungsaufträge und Historikerkommissionen zum Beispiel im Hinblick auf die Geschichte des Auswärtigen Amtes oder des Verfassungsschutzes bearbeitet.

Veröffentlichungen gibt es auch zu der Aufarbeitung der NS-Vergangenheit der Richter im Nationalsozialismus und was aus ihnen nach der Kapitulation des Dritten Reiches und der Entstehung der beiden deutschen Staaten wurde. Dabei zeigt sich, daß die Entnazifizierung in den norddeutschen Ländern ausführlicher und besser dokumentiert ist, und dies nicht nur im Bereich der Justiz.

So wird auch in dieser Arbeit das Gewicht auf die norddeutschen Bundesländer, hier Schleswig-Holstein, Bremen und Nordrhein-Westfalen gelegt, wobei für Schleswig-Holstein und Nordrhein-Westfalen die Briten und für Bremen die amerikanischen Besatzer zuständig waren. Der Schwerpunkt dieser Arbeit liegt auf der britischen Besatzungszone, und hier besonders auf Schleswig-Holstein. Zuvor werden die generellen Planungen der Entnazifizierung durch die Alliierten aufgezeigt und am Beispiel der britischen Zone besonders dargelegt.

Die Arbeit teilt sich in die Befassung mit der Entwicklung der Entnazifizierung im ersten und mit der Gesetzgebung zum Artikel 131 GG im zweiten Teil auf. Thematisch gehört beides zusammen, denn den Angehörigen der NSDAP und ihrer Organisationen, die auch trotz der stetig nachsichtiger werdenden Entnazifizierung nicht auf ihre alten Posten zurückkehren konnten, wurde dieser Weg – mit ein paar Ausnahmen - durch der Verabschiedung des Gesetzes zum Artikel 131 eröffnet.

Nach der Befreiung Deutschlands vom Nationalsozialismus stellte sich für die Besatzungsmächte Großbritannien, USA, Frankreich und die Sowjetunion überdies die Frage nach der Gewährleistung der Sicherheit für die Besatzungskräfte und die Bevölkerung im besetzen Gebiet. In diesem Rahmen spielten auch unterschiedliche Überlegungen über die Gestaltung der deutschen Polizei und der Aufrechterhaltung, beziehungsweise Schaffung einer funktionierenden Gerichtsbarkeit eine Rolle.

Hier stellte sich wiederum die Frage, in welchem Umfang auf die vorhandenen Polizei- und Justizstrukturen zurückgegriffen werden sollte und konnte, und wie eine Säuberung der Polizei und der Justiz von durch Beteiligung an nationalsozialistischen Verbrechen belastete Personen durchgeführt werden sollte. In welchem Ausmaß konnte Verstrickung in die Taten des NS-Regimes geduldet werden, und wie weit war es möglich, eine personelle Säuberung vorzunehmen, ohne die Funktionsfähigkeit von Polizei und Justiz zu beeinträchtigen?

In der vorliegenden Arbeit soll untersucht werden, inwieweit in der Besatzungszeit im Rahmen der Reformen der Polizei und der Justiz die Entnazifizierung durchgeführt, beziehungsweise nach welchen Kriterien Personal entlassen oder beibehalten wurde. Welche Aspekte spielten für die Alliierten bei ihren Entscheidungen hinsichtlich der Entnazifizierung und der Verwendung belasteter Beamten und Juristen eine Rolle?

Zunächst soll das Entnazifizierungsverfahren an sich und anschließend die Struktur der Polizei im Dritten Reich kurz umrissen werden, gefolgt von einem kurzen Darstellung der Planungen der britischen Regierung bezüglich der Polizei und der Beurteilung der deutschen Polizei durch die beteiligten britischen Institutionen.

Im Anschluß daran sollen die Maßnahmen der Entnazifizierung der Polizei in der britischen Besatzungszone untersucht werden. Dabei steht in besonderem Interesse, ob es personelle Kontinuitäten gibt, sowie die Frage, welche Prioritäten bei der Entnazifizierung gesetzt wurden. In einem Fazit soll dann eine Zusammenfassung der Erkenntnisse erfolgen.

Pläne für die Entnazifizierung Deutschlands

Auf der Konferenz von Jalta im Februar 1942 beschlossen Churchill, Roosevelt und Stalin, Deutschland vom Nazismus und Militarismus zu befreien, indem die Organisationen, Gesetze und Symbole der Nationalsozialisten verboten und die Kriegsverbrecher vor einem internationalen Militärtribunal verurteilt werden sollten. Vom Deutschland sollte nie wieder eine Gefahr für den Weltfrieden ausgehen.[2]

Zwar konnten sich die drei Mächte im Wesentlichen nicht auf eine gemeinsame Deutschlandpolitik einigen, wurden sich jedoch in einem Punkt einig, nämlich »in ihrem unbeugsamen Willen, „den deutschen Militarismus und Nazismus zu vernichten und die Garantie dafür zu schaffen, dass Deutschland nie wieder in der Lage sein wird, den Weltfrieden zu brechen".«[3]

Zu diesem Zweck sollten die Kriegsverbrecher vor ein internationales Tribunal gestellt und »„alle nazistischen und militärischen Einflüsse aus öffentlichen Einrichtungen, dem Kultur- und Wirtschaftsleben des deutschen Volkes" entfernt werden.«.[4]

Die Umsetzung dieser Beschlüsse wurde in den späteren Besatzungszonen der Alliierten unterschiedlich vorgenommen, wie in dieser Arbeit zu zeigen sein wird. Betroffen von diesen Beschlüssen war auch der öffentliche Dienst in Deutschland, der wie auch die Einrichtungen

---

[2] Vgl. Reichel, Peter: Vergangenheitsbewältigung in Deutschland. S. 30
[3] Peter Reichel, Vergangenheitsbewältigung in Deutschland. S. 30
[4] ebd.

von Kultur und Wirtschaft von nationalsozialistischen Einflüssen gesäubert werden sollten.[5] Ebenso sollte die Polizei und die Gerichtsbarkeit von nationalsozialistischen Einflüssen gesäubert werden. Nach der Kapitulation wurden zunächst alle deutschen Gerichte bis auf weiteres geschlossen.[6]

In den verschiedenen Zonen gingen die Alliierten unterschiedlich vor, was darauf zurückzuführen war, daß es in Jalta zu keiner Einigung über gemeinsame Ausführungsbestimmungen zu den gemeinsam gefaßten Beschlüssen kam.[7]

Auf der Potsdamer Konferenz erklärten die drei Siegermächte in einem gemeinsamen Kommuniqué, »dass alle NSDAP Mitglieder, die »mehr als nominell« an der Partei beteiligt gewesen waren, aus »öffentlichen oder halböffentlichen Ämtern« entfernt und durch demokratisch ausgerichtete Personen ersetzt werden müssen«.[8] Aktivisten des NS-Regimes sollten ausgeschaltet und Mitläufer beruflich disqualifiziert werden. Diese, im Potsdamer Protokoll niedergelegten Grundsätze der Entnazifizierung wurden auf Drängen der Amerikaner auch in Gesetzen des Alliierten Kontrollrates umgesetzt.[9]

Das klar formulierte Ziel, das sich aus den Erklärungen der Besatzungsmächte des Zweiten Weltkriegs ergibt, lag somit in einer konsequenten Entnazifizierung, also der Entlassung allen belasteten Personals der Nazi-Dik-

---

[5] Vgl. ebd.
[6] Vgl. Müller, Ingo: Furchtbare Juristen. S. 255
[7] Vgl. Rohloff, Gabriele: »Ich weiß mich frei von irgend einer Schuld…«. S. 51
[8] Noethen, Stefan: Alte Kameraden und neue Kollegen. S. 219
[9] Vgl. Rohloff, Gabriele: »Ich weiß mich frei von irgend einer Schuld…« S. 52

tatur aus wichtigen Funktionen des öffentlichen Lebens. Hierzu zählte auch die Verwaltung einschließlich der Justiz, denn auch wenn es vereinzelt Widerstand in der Justiz, wie auch in anderen gesellschaftlichen Bereichen gegeben hat, kann dies doch nicht darüber hinwegtäuschen, daß die Justiz im Dritten Reich ein Instrument der Nazi-Diktatur war, und wesentliche Beiträge zu den Verbrechen des NS-Regimes geleistet hat.[10] Die zu treffenden Maßnahmen sollten dafür sorgen, daß sich solches nicht wiederholen könne.

Im Vorfeld der Besatzung hatte ein britischen-amerikanischer Spezialstab ein Handbuch ausgearbeitet, das sogenannte »SHAEF-Handbuch«, welches detaillierte Empfehlungen für die Besatzungsverwaltung nach einer Kapitulation und Besetzung Deutschlands gab.[11]

Das SHAEF-Handbuch, nach dem in der ersten Phase in den westlichen Sektoren weitgehend verfahren wurde, sah für die Justizjuristen drei Kategorien vor. Es faßte die obersten Juristen des Volksgerichtshofs, der Reichs- und Sondergerichte in einer Kategorie zusammen, die höheren Beamten und Angestellten in einer weiteren und die Unbelasteten in einer dritten Gruppe, wobei für die Wiedereinstellung der ersten beiden Gruppen die Zuständigkeiten der genehmigenden Stellen geregelt wurde.[12]

---

[10] Vgl. Wassermann, Rudolf: Auch die Justiz kann aus der Geschichte nicht aussteigen. S. 159
[11] Vgl. Noethen, Stefan: Alte Kameraden und neue Kollegen. S. 76
[12] Vgl. Eickhoff, Bärbel: Entnazifizierung und Restauration der Justiz 1945-49. S. 108

Der Alliierte Kontrollrat

Die Regierungsgewalt in Deutschland wurde vom Alliierten Kontrollrat ausgeübt,[13] dessen oberstes Organ die Kommandeure der Besatzungszonen, also von Amerika, Frankreich, Großbritannien und der Sowjetunion, bildeten.[14] Mit den ersten Gesetzen, die durch den Kontrollrat erlassen wurden, regelte dieser unter anderem die Aufhebung nationalsozialistischer Gesetze, die Auflösung der nationalsozialistischen Partei und Organisationen und die Tatbestände, wegen derer die Angehörigen des NS-Regimes zu bestrafen waren.[15]

Die Kontrollratsdirektive Nr. 24 schaffte die Grundlage für die »Entfernung von Nationalsozialisten und Personen, die den Bestrebungen der Alliierten feindlich gegenüber standen, aus Ämtern und verantwortlichen Stellungen«.[16] Die Direktive schuf zwei Kategorien von Personen und legte fest, wie mit ihnen zu verfahren sei. Während die Personen der 99 Kategorien der Gruppe A sofort aus ihren Positionen zu entlassen waren, konnten die Personen der 22 Kategorien der Gruppe B vorläufig weiterbeschäftigt werden, bis Ersatz gefunden wurde.[17] Auch für Wiederverwendung von Juristen wurden in dieser Kontrollratsdirektive Entscheidungskriterien vor-

---

[13] Vgl. Heilbronn, Wolfgang: Der Aufbau der nordrhein-westfälischen Justiz in der Zeit von 1945 bis 1948/9. S. 2

[14] Vgl. Möhler, Reinhard: Entnazifizierung in Rheinland-Pfalz und im Saarland unter französischer Besatzung von 1945 bis 1952. S. 85

[15] Vgl. ebd. S. 87

[16] Vgl. Kontrollratsdirektive Nr. 24, hier unter: http://www.verfassungen.de/de/de45-49/kr-direktive24.htm (zuletzt angewählt: 17.06.2015)

[17] Vgl. Möhler, Reinhard: Entnazifizierung in Rheinland-Pfalz und im Saarland unter französischer Besatzung von 1945 bis 1952. S. 88

gegeben.[18]

Mit der Kontrollratsdirektive 38 vom 12. Oktober 1946 sollte für ganz Deutschland einheitliche Regelungen geschaffen werden, nach denen die »Verhaftung und Bestrafung von Kriegsverbrechern, Nationalsozialisten und Militaristen und Internierung, Kontrolle und Überwachung von möglicherweise gefährlichen Deutschen« durchgeführt werden sollten. Im Anhang der Direktive wurden Personengruppen definiert, die im Verdacht standen, Hauptschuldige, Belastete oder Minderbelastete zu sein. Ebenso wurde ein Strafkatalog festgelegt.[19] Im Anhang A der Direktive wurden im Abschnitt I die Hauptschuldigen, im Abschnitt II die Belasteten und im Abschnitt III die Minderbelasteten gelistet, wobei unter dem Buchstaben N des jeweiligen Abschnitts I und II die Juristen der jeweiligen Kategorien aufgelistet wurden. Im Abschnitt I N waren dies insbesondere die leitenden Juristen und Präsidenten der Reichsgerichte, während im Abschnitt II N unter anderem weitere Präsidenten und Vizepräsidentenpositionen aufgeführt wurden.[20]

Grundsätzlich übernahm die Kontrollratsdirektive Nr. 38 die fünf Gruppen, die von den Amerikanern ins Leben gerufen wurden, und die auch später die Grundlage bei der Entnazifizierung durch die in der amerikanischen Zone eingerichteten Spruchkammern bildeten,[21] nämlich

---

[18] Vgl. Rohloff, Gabriele: »Ich weiß mich frei von irgend einer Schuld...«. S. 53

[19] Vgl. Möhler, Reinhard: Entnazifizierung in Rheinland-Pfalz und im Saarland unter französischer Besatzung von 1945 bis 1952. S.242

[20] Vgl. Kontrollratsdirektive 38, hier unter: http://www.verfassungen.de/de/de45-49/kr-direktive38.htm (zuletzt angewählt: 17.06.2015)

[21] Vgl. Godau-Schüttke, Klaus-Detlev: Ich habe nur dem Recht gedient. S. 14

I. Hauptschuldige, II Belastete, III. Minderbelastete, IV. Mitläufer und V. Entlastete.[22]

Die ein knappes halbes Jahr nach Erlaß der 38. Kontrollratsdirektive stattfindende Konferenz der Außenminister der vier Siegermächte vom 10. März bis zum 24. April 1947 brachte den Beschluß, dem Alliierten Kontrollrat aufzugeben, die Entnazifizierung zu beschleunigen, die Entlassungen von Nationalsozialisten und Militaristen auf dem öffentlichen und privaten Sektor voranzutreiben, die Bestrafung von Kriegsverbrechern, aktiven Nationalsozialisten und Angehöriger verbrecherischer Organisationen zu beschleunigen und in naher Zukunft die Kontrolle über die Entnazifizierung unter Aufsicht der Besatzungsmächte an deutsche Stellen zu übertragen.[23] Hier zeigte sich auch auf oberster Ebene, daß die Besatzungsmächte ein Interesse an einer baldigen Beendigung der Entnazifizierungsmaßnahmen in Deutschland hatten. Dies wirkte sich auch auf die einzelnen Besatzungszonen aus, in denen diese Maßnahmen teilweise schon auf den Weg gebracht waren.

Weil die Kontrollratsdirektiven bezüglich der Ausführung Spielräume eröffneten, wichen auch die Entnazifizierungsverfahren in den einzelnen Zonen voneinander ab, wenngleich auch im Rahmen der vorgegebenen Kategorien. Das hing auch mit der unterschiedlichen Motivation der einzelnen Besatzungsmächte zusammen. So verfolgten die Briten im Gegensatz zu den Amerikanern eigene Sicherheitsinteressen, die die Demokratisierung Deutschlands in den Vordergrund stellte und Sühnemaß-

---

[22] Vgl. Möhler, Reinhard: Entnazifizierung in Rheinland-Pfalz und im Saarland unter französischer Besatzung von 1945 bis 1952. S. 242
[23] Vgl. ebd. S. 244f

nahmen in den Hintergrund rückten.[24] Daraus mag sich auch erklären, daß die Amerikaner in den Anfängen die Entnazifizierung konsequenter vorantrieben als die Briten und das Engagement erst mit Beginn des Kalten Krieges nachließ, der es in den Augen der amerikanischen Strategen notwendig machte, die Bundesrepublik als westlichen Partner zu gewinnen und bei der Verfolgung der NS-Taten nachsichtiger zu werden.

---

[24] Vgl. Niermann, Hans-Eckhard: Zwischen Amnestie und Anpassung. S. 86

Das Verfahren der Entnazifizierung

Die führenden Personen aus Staat und Partei sollten festgenommen und interniert werden, wobei insbesondere die Sicherheitsinteressen der Alliierten im Vordergrund standen. In diesem Zusammenhang wurde der »Automatische Arrest« durchgeführt, in dessen Rahmen NS-Aktivisten, die als gefährlich galten oder möglicherweise in Verbrechen verstrickt waren, festgenommen werden sollten. Zwischen Sommer 1945 und Sommer 1949 waren in der britischen Besatzungszone ca. 90 800 Personen interniert, wobei dieser vorbeugenden Maßnahme keine individuelle Schuldzuweisung zugrunde lag.[25]

In diesen automatischen Arrest gerieten die »hohen Beamten des Reichsjustizministeriums, die Mitglieder des Reichsgerichts und des Volksgerichtshofs, die Oberlandesgerichtspräsidenten und die Generalstaatsanwälte, aber auch die Mitglieder von Sondergerichten«.[26]

Im Frühjahr 1946 wurden die Deutschen an dem Verfahren zur Entnazifizierung beteiligt, nämlich mit dem »Gesetz zur Befreiung von Nationalsozialismus und Militarismus und der Einführung des sogenannten Spruchkammerverfahrens«[27]

Die deutschen Entnazifizierungsjuries sollten mit Personen besetzt werden, »die „in sozialer und politischer Hinsicht dafür geeignet" waren«[28], also vor allem Perso-

---

[25] vgl. Frank Liebert, »Die Dinge müssen zur Ruhe kommen, man muß einen Strich dadurch machen«. S. 72
[26] Wassermann, Rudolf: Auch die Justiz kann aus der Geschichte nicht aussteigen. S. 188
[27] Peter Reichel, Vergangenheitsbewältigung in Deutschland, S. 32
[28] Noethen, Stefan, Alte Kameraden und neue Kollegen

nen, die im Widerstand gegen die NS-Diktatur standen, beziehungsweise von ihr geschädigt wurden, was auch dazu führte, daß viele SPD-Mitglieder und Gewerkschafter dieser Kammern angehörten.

Die Personen, die sich vor diesen Kammern zu verantworten hatten, wurden in fünf Gruppen eingeteilt, nämlich in die Kategorien I Hauptschuldige, II Belastete, III Minderbelastete, IV Mitläufer und V Entlastete.[29]

Zu den Hauptschuldigen wurden die Personen gerechnet, die aktiv an den Verbrechen des NS-Staates beteiligt waren, darunter auch die Mitglieder der Gestapo. Als belastet galt, wer »als Spitzel oder Denunziant zur Schädigung von Opfern und Gegnern des NS beigetragen hatte«[30], beziehungsweise Nutznießer aufgrund seiner Mitgliedschaft in der NSDAP war. Je nach Verstrickung konnten Belastete allerdings auch als Minderbelastete eingestuft werden.

Minderbelastete waren Personen, die nur eine nominelle Mitgliedschaft bei der NSDAP oder anderen Organisationen hatten, dort also nur ihre Beiträge bezahlten, beziehungsweise Anwärter für die NSDAP waren. Entlastete waren alle anderen Personen, beziehungsweise auch solche, die aktiv Widerstand gegen den NS-Staat geleistet hatten.[31]

In den entsprechenden Abstufungen gab es dann auch Sanktionsmaßnahmen gegen die in die entsprechenden Kategorien eingereihten Personen, die über Reisebe-

---

[29] vgl. Stefan Noethen, Alte Kameraden und neue Kollegen, Polizei in Nordrhein-Westfalen 1945-1953, Essen 2002, S. 239, sowie Peter Reichel, Vergangenheitsbewältigung in Deutschland, S. 33
[30] Stefan Noethen, Alte Kameraden und neue Kollegen, S. 239
[31] vgl. ebd.

schränkungen und Meldepflicht bis hin zu Degradierung, Gehaltskürzungen und Aberkennung des passiven Wahlrechts reichten.[32]

Gegen die Entscheidung der Spruchkammern war Beschwerde möglich, und so konnte auch so mancher Polizeibeamter schließlich seine Herabstufung und Wiedereinstellung erreichen.[33]

Mit der Zuspitzung des Kalten Krieges verloren die West-Alliierten das Interesse an der Fortsetzung der Säuberungsmaßnahmen und zu Beginn der 50er Jahre wurden die Entnazifizierungsmaßnahmen abgeschlossen.[34]

---

[32] vgl. ebd.
[33] vgl. Klaus Weinhauer, Schutzpolizei in der Bundesrepublik, Paderborn 2003, S. 49
[34] vgl. Helmut M. Müller, Schlaglichter der deutschen Geschichte, Leipzig, Mannheim 2004, S. 312

Polizei im Dritten Reich und die britischen Planungen

Die Polizei im Dritten Reich

Die deutsche Polizei war im Dritten Reich »eine feste Stütze des Regimes, und sie hat sich tief in dessen Verbrechen verstrickt«[35]. Von Anfang an wurde die Politisierung und die Militarisierung der Polizei vorgenommen. Politisch mißliebige Polizisten wurden entlassen, wenngleich auch nicht in so hoher Anzahl wie anfangs vermutet wurde.[36]

Von Anbeginn an betrieben die Nationalsozialisten die Zentralisierung der Polizei, die mit der Gleichschaltung der Länder und die Übernahme der bisherigen Länderkompetenzen durch das Reich einen vorläufigen Höhepunkt und der Berufung Heinrich Himmlers zum »Reichsführer-SS und Chef der deutschen Polizei im Reichsministerium des Innern« ihren Abschluß fanden.[37] Die Polizei der Länder und Gemeinden, die Vewaltungspolizei, das Feuerlöschwesen und die Technische Nothilfe wurden zur Ordnungspolizei zusammengefaßt, die politische Polizei und die Kriminalpolizei wurden zur Sicherheitspolizei zusammengelegt und vom SS-Gruppenführer Reinhard Heydrich befehligt.[38]

Die kasernierten Polizeibereitschaften wurden in Landespolizei umbenannt, militärisch aufgerüstet und schließlich in die Wehrmacht überführt. Im April 1933

---

[35] Noethen, Stefan, Alte Kameraden und neue Kollegen, Köln 2002, S. 23

[36] vgl. Weinhauer, Klaus, Schutzpolizei in der Bundesrepublik, Paderborn 2003, S. 45

[37] vgl. Noethen, Stefan, Alte Kameraden und neue Kollegen, S. 25

[38] vgl. ebd.

wurde die Geheime Staatspolizei eingerichtet, die als politische Polizei vor allem die Verfolgung politisch Mißliebiger zur Aufgabe hatte und auch an der Verfolgung und Ermordung der Juden in Osteuropa wesentlichen Anteil hatte.

Die Militarisierung wie auch die Verreichlichung der Polizei verstieß gegen die Bestimmungen, die die Siegermächte über Deutschland verhängt hatten Jedoch erhoben diese keinen Protest gegen die Maßnahmen.[39]

Auch verschiedene Rechte wurden dramatisch eingeschränkt. Die Polizei hatte die Möglichkeit, Personen unbegrenzt in sogenannte »Schutzhaft« zu nehmen, ohne daß sie dagegen Rechtsmittel hätten einlegen können.[40]

Bemerkenswert ist, daß es innerhalb der Polizei nach der Machtübernahme durch Hitler kaum personelle Säuberungen gegeben hat. Hier wurde vor allem in der Führungsspitze der Polizei mißliebiges Personal entlassen. »Aus der preußischen Schutzpolizei wurden immerhin 7.3 % der Offiziere, jedoch nur 1.7 % der Beamten der Wachtmeisterdienstgrade entlassen.«[41]

Die uniformierte Polizei hat den NS-Staat von Anfang an bei den Repressionen gegen die politischen Gegner unterstützt und auch Konzentrationslager bewacht. Ab 1936 hatte sie alle Maßnahmen der Gestapo zu unterstützen und war somit auch formal zu ihrem Hilfsorgan geworden.[42]

---

[39] vgl. ebd. S. 26 bis 29
[40] vgl. ebd. S. 28
[41] vgl. ebd. S. 35
[42] vgl. Stefan Noethen, Alte Kameraden und neue Kollegen, S. 36-37

Britische Planungen für die Besetzung Deutschlands

Bei den Planungen für das Nachkriegsdeutschland zeigte sich das Außenministerium Großbritanniens federführend und griff bei den Planungen auf die Maßgaben zurück, mit denen Großbritannien auch in den Kolonien regierte, nämlich dem Prinzip der indirekten Herrschaft (»indirect rule«). Dieses Prinzip beinhaltete die weitgehende Beibehaltung von Verwaltung und Machteliten und tauschte nur die Führungselite aus.[43]

Im Rahmen der Planungen des britischen Außenministeriums für die Nachkriegszeit wurden auch Studien über die deutsche Polizei erstellt. Hier ist bemerkenswert, daß in diesen Studien eine sehr detaillierte Kenntnis der deutschen Verwaltungsstrukturen zum Ausdruck kommt. Auf der anderen Seite fanden die Verbrechen, die durch die uniformierte Polizei begangen wurden, kaum Erwähnung, wenngleich der britische Geheimdienst durch das Abhören von Funksprüchen und sonstigen Informationen, die teils auf geheimdienstlichen Wegen beschafft wurden, gut Bescheid wußte. Offensichtlich stellte dieser seine Informationen nicht dem Außenministerium zur Verfügung, wenngleich die Verbrechen, die auch von der uniformierten Polizei begangen wurden, zu einem Teil in der Öffentlichkeit bekannt waren.[44]

Das britische Außenministerium verfolgte weiterhin das Prinzip der indirekten Herrschaft und sah in ihren Planungen vor, die deutsche Polizei möglichst schnell in den Zustand zu versetzen, im Nachkriegsdeutschland für

---

[43] vgl. Stephan Linck, Der Ordnung verpflichtet: deutsche Polizei 1933 – 1949: Der Fall Flensburg, Paderborn 2000

[44] vgl. Stefan Noethen, Alte Kameraden und neue Kollegen, S. 61 - 65

Ordnung zu sorgen. Es sollte weitgehend vermieden werden, daß britische Kräfte in Deutschland die Aufgaben der Polizei wahrnehmen mußten. Grundsätzlich sollte nach den ersten Planungen des britischen Außenministeriums nach einer Besetzung Deutschlands »die Verhaftung aller Reichsminister, aller Parteiführer bis zu den Kreishauptstellenleitern, aller SS-Offiziere, SA-Führer vom Sturmbannführer aufwärts und aller höheren HJ-Führer«[45] stattfinden. Auch Staatssekretäre, Ministerialdirektoren, Landräte und Oberbürgermeister sollten entlassen werden, die anderen früheren Beamte hingegen sollten bleiben dürfen.[46]

In diesen Planungen kommt bereits zum Ausdruck, daß die Wiederherstellung des öffentlichen Lebens Priorität genoß, jedoch nicht den Motiven gerecht wurde, die die Besetzung Deutschlands begründeten, nämlich die Beseitigung des NS-Systems, das »in seinem Vernichtungswahn Verbrechen ohne Vergleich begangen hatte«[47].

Das britische Prinzip der indirekten Herrschaft wurde schließlich auch in der Direktive CCS 551 des Combined Chiefs of Staff, des britisch-amerikanischen Generalstabschefs, genannt. Diese Direktive enthielt auch die Anweisung, die NSDAP schnellstmöglich aufzulösen, die führenden Persönlichkeiten von Staat und Partei sowie Kriegsverbrecher festzunehmen, die Akten von Partei, Staat und Militär zu sichern.[48]

Zur Erleichterung der Durchführung der Direktiven

---

[45] Stephan Linck, Der Ordnung verpflichtet, S. 181
[46] vgl. ebd.
[47] ebd.
[48] vgl. Stefan Noethen, Alte Kameraden und neue Kollegen, S. 71

wurde an die Kommandeure der Truppen ein etwa 300 Seiten starkes Handbuch ausgegeben, welches von einem Spezialstaab von SHAEF, den Oberbefehlshabern der britischen und amerikanischen Truppen, erstellt worden war. Zudem wurde ein »Technical Manual - Public Safety« herausgegeben, in dem die Rekonstruktion der Polizei genauer beschrieben wurde, deren Verwendung in der Situation der Gesetzlosigkeit für notwendig erachtet wurde, weil soziale Unruhen die Besetzung gefährden konnten.[49]

Insgesamt waren die britischen Planungen von militärischem Pragmatismus und dem Prinzip der indirekten Herrschaft geprägt. Mit Hilfe der deutschen Polizei, deren Verbrechen offensichtlich durch den Geheimdienst nicht oder nicht in vollem Umfang an das Außenministerium berichtet wurden, sollte die Ordnung im Nachkriegsdeutschland aufrechterhalten werden. Die Entnazifizierung wurde demgegenüber als nachrangiges Problem betrachtet, von dem in erster Linie ohnehin nur die Führungspersönlichkeiten der deutschen Sicherheitskräfte betroffen waren.

---

[49] vgl. ebd. S. 76

Entnazifizierung unter britischer Besatzung

Erste Maßnahmen

Nach dem Einmarsch der britischen Truppen war der militärische Nachrichtendienst FSS (Field Secury Section) für die Verhaftung der mutmaßlichen Kriegsverbrecher zuständig. Bereits hier wurden auch die deutschen Polizeikräfte herangezogen, um die britischen Besatzungskräfte bei der Suche und Verhaftung der Kriegsverbrecher sowie jener, die unter den automatischen Arrest fielen, zu verhaften und an die Streitkräfte auszuliefern. Auf der Stelle zu verhaften waren:

»(a) alle Polizeipräsidenten und Polizeidirektoren;

(b) alle Angehörigen der Gestapo und des Sicherheitsdienstes der SS;

(c) alle Angehörigen der Verwaltungspolizi, die der Gestapo zur Beschäftigung überwiesen worden sind [...];

(d) alle Offiziere der Ordnungs- oder Kriminalpolizei in einem höheren Range als dem eines Oberstleutnants oder eines gleichgestellten Ranges;

(e) alle Angehörigen der Polizei, die Offiziere der SS, SA, [des] NSKK oder [des] NSFK waren oder die ein Parteiamt der NSDAP im Range eines Ortsgruppenleiters oder in einem höheren Range oder ein Amt in der Hitlerjugend mit dem Range eines Bannführers oder einem höheren Range bekleidet haben;

(f) alle weiteren Personen, die seitens des Spionageabwehrdienstes oder der Alliierten Militärregierung bezeichnet werden«[50]

In dieser ersten Phase der Entnazifizierung wurden »alle Beamte beurlaubt, die vor dem 1. April 1933 in die NSDAP, die SS oder in die SA eingetreten waren«[51], später wurden die suspendierten Beamten entlassen.

Viele jener, die Verantwortung im Dritten Reich getragen haben, hatten sich jedoch vor dem Einmarsch der Truppen abgesetzt, der Internierung durch Selbstmord entzogen, waren bereits in Gefangenschaft geraten oder im »auswärtigen Einsatz« gefallen. Als die britischen Truppen ins Rheinland einmarschierten, fanden sie dort an vielen Stellen praktisch keine Polizeidienststellen mehr vor. Hinzu kam, daß sich die Polizeidienststellen angesichts der vorrückenden Alliierten ins Hinterland verlegt hatten.[52]

Die Vernichtung von Akten wurde durch die Alliierten Streitkräfte mit dem der Todesstrafe bedroht. Dies sollte verhindern, daß wichtige Beweisstücke vernichtet würden[53], was jedoch schon zu einem nicht unerheblichen Teil im Vorfeld der Besetzung Deutschlands geschehen war.

Mit Zuständigkeit für die Belange der Polizei wurde in der britischen Besatzungszone der *Public Safety Branch* eingerichtet, der für die öffentliche Sicherheit und die Kontrolle der Polizei zuständig war. Bezüglich der Polizei hatte der *Public Safety Branch* die Möglichkeit, in die organisatorische Ausgestaltung über die Einsätze bis

---

[50] Frank Liebert, Die Dinge müssen zur Ruhe kommen, man muß einen Strich dadurch machen, S. 74-75
[51] Klaus Weinhauer, Schutzpolizei in der Bundesrepublik, S. 49
[52] vgl. Stefan Noethen, Alte Kameraden und neue Kollegen, S. 83 - 84
[53] vgl. ebd. S. 87

hin zu Personalfragen in die Polizei einzugreifen. Der *Public Safety Officer* sollte selbst nicht polizeilich tätig werden, sondern war praktisch Vorgesetzter der Polizei-behörde und wurden auch als solche betrachtet.[54]

Entnazifizierung und Personalpolitik

Das Nürnberger Militärtribunal erklärte in einem Urteil »das Führerkorps der NSDAP (vom Ortsgruppenleiter an aufwärts), die SS, den SD der SS und die Gestapo ein-schließlich der Grenzpolizei zu „verbrecherischen Orga-nisationen"«[55]. Feld-, Ordnungs- und Kriminalpolizei wurden jedoch nicht zu »verbrecherischen Organisatio-nen« erklärt, was sich auch auf die Entlassungspraxis der automatisch Festgenommenen in den Internierungslagern auswirkte. Während sich nun die Angehörigen der ver-urteilten Organisationen vor einem Strafgericht würden verantworten müssen, wurden teilweise sogar die Führer von Kriminal- und Ordnungspolizei vom britischen Review & Interrogation Staffs vorläufig als *Mitläufer* oder *Entlastete* eingestuft und freigelassen - obwohl sie teilweise hohe SS-Angleichungsränge bekleideten. Die Endgültige Entscheidung über die Einreihung in eine der fünf Kategorien traf ein lokaler Ausschuß in der Heimat-stadt der Betroffenen.[56]

Mit der Kontrollratsanweisung Nr. 24 vom 12. Januar 1946 wurden die Entnazifizierungsrichtlinien in den Besatzungszonen vereinheitlicht. Für die Polizeiangehö-rigen wurden in der britischen Zone Fragebogen mit 133 Fragen ausgegeben. Zudem enthielt die Richtlinie detail-

---

[54] vgl. ebd. S. 97
[55] Stefan Noethen, Alte Kameraden und neue Kollegen, S. 224
[56] vgl. Frank Liebert, »Die Dinge müssen zur Ruhe kommen, man muß einen Strich dadurch machen«, S. 76

lierte Anweisungen darüber, welche Personengruppen zu entlassen waren.[57]

Das Problem der Fragebögen war, daß die Richtigkeit der Angaben nicht überprüft werden konnte, es sei denn, daß Akten oder Zeugen vorhanden waren. Insofern dürften die Betroffenen, wenn sie sich sicher sein konnten, daß ihre Verstrickung nicht nachprüfbar war, in den Fragebögen Mitgliedschaften in Organisationen, aufgrund derer sie die Entlassung fürchten mußten, verschwiegen haben, woran auch der Umstand nichts geändert haben dürfte, daß Falschangaben im Fragebogen strafbar waren.

Zu Rechtfertigungsstrategien wurden auch die Legenden von der Dienstgradangleichung und von der Zwangsmitgliedschaft in der NSDAP, der angeblich die Polizeibeamten unterworfen waren.[58]

Die amerikanische Militärregierung richtete in Berlin das »Berlin Document Center« ein, in dem noch vorhandene Unterlagen zusammengetragen wurden. Mit Hilfe dieses Zentrum war es ab 1947 mehrfach möglich, Fälle von Fragebogenfälschungen aufzudecken, wie zum Beispiel den Fall des stellvertretenden Regierungsbezirks-Polizeichefs in Aachen, Wolfgang Müller. Der Polizeirat wurde entlassen und wegen der Fälschung zu einer sechsmonatigen Gefängnisstrafe verurteilt.[59]

Waren jedoch keine Unterlagen mehr vorhanden, war der Gegenbeweis schwierig. Insofern dürfte es eine Dun-

---

[57] vgl. Stefan Noethen, Alte Kameraden und neue Kollegen, S. 230 - 232, auch Klaus Weinhauer, Schutzpolizei in der Bundesrepublik, S. 49
[58] vgl. ebd. S. 482 und 487
[59] vgl. Stefan Noethen, Alte Kameraden und neue Kollegen, S. 288

kelziffer von Fragebogenfälschern geben, die nie aufgeflogen sind.

Ein weiteres Dilemma, vor der die britische Besatzungsmacht stand, war die Personalnot bei der Polizei, die ohnehin vorhanden war, und die bei einer strengen Entnazifizierung noch verschärft würde. Das Prinzip der indirekten Herrschaft bedeutete für die britischen Besatzer, daß sie auf die deutschen Polizeikräfte angewiesen waren, wollte sie deren Arbeit nicht durch eigene Truppen erledigen lassen. Das Ziel, eine handlungsfähige Polizei zu haben, konnte jedoch durch die Verstrickung der Polizei mit den NS-Verbrechen leicht in Konflikt geraten. Wie oben schon beschrieben waren in den Planungen des britischen Außenministeriums in diesem Zielkonflikt das Prinzip der indirekten Herrschaft vorrangig vor der Entnazifizierung.

Insbesondere bei der Kriminalpolizei stellte sich dieser Konflikt, weil hier die Personalnot nicht durch angelernte oder kurzfristig eingewiesene Kräfte behoben werden konnte, sondern weil Kriminalbeamte bestimmte und spezielle Fähigkeiten und eine entsprechende Ausbildung haben mußten. Folgerichtig gab es auch in dem SHAEF-Handbuch entsprechende Möglichkeiten, von den Entlassungsrichtlinien Ausnahmen zu machen, nämlich dann, wenn die Betroffenen aus sachlichen Gründen benötigt würden.[60] Die entsprechenden Positionen mit Gegnern des Nationalsozialismus zu besetzen war kaum möglich, weil es kaum Exil-Kriminalbeamte gab, die unter der NS-Regierung entlassen worden waren.[61]

Jedoch duldete die britische Militärregierung keine bela-

---

[60] vgl. ebd. S. 187 und 191
[61] vgl. ebd. S. 130

steten höheren Polizeibeamten. Empfahl ein Entnazifizierungsausschuß die Entfernung aus dem Amt, kam die
Militärregierung dieser Aufforderung in der Regel
nach.[62]

Nach dem Abschluß der Entnazifizierung

Mit den abschließenden Regelungen für die Entnazifizierung war diese über die Spruchkammern und Entnazifizierungsausschüsse beendet. Eine allgemeine Sympathie
für eine Welle der Amnestierungen griff um sich, die die
Regierung in Deutschland auch aus wahltaktischen
Gründen für geboten hielt: Mit einem Gesetz, welches
kurz vor Weihnachten 1949 im Bundestag verabschiedet
wurde, amnestierten die Parlamentarier »in einer bemer-
kenswerten Verknüpfung von Straftaten, die vor und
nach der deutschen Kapitulation begangen worden waren, „vermutlich mehrere zehntausend NS-Täter"«[63]

Die Distanzierung von der Nazi-Vergangenheit war für
Politiker, Teile der Medienöffentlichkeit und für einige
Intellektuelle ein Konstitutionsmerkmal der Demokratie,
nicht jedoch für die breite Bevölkerung, die sich einen
Schlußstrich unter die NS-Vergangenheit wünschte.[64]

In den 50er Jahren gingen die ehemaligen Polizeiführer
des NS-Staates dazu über, die Geschichtsschreibung
über die Polizei in diesem Zeitabschnitt zu übernehmen.
Dies war deshalb möglich, »weil die akademische Ge-
schichtsforschung sich der Polizei noch nicht angenom-
men hatte.«[65] Hierbei schrieben sie ihre Sichtweise ihrer

---

[62] vgl. ebd. S. 143-144
[63] Frank Liebert, »Die Dinge müssen zur Ruhe kommen, man muß
einen Strich dadurch machen«, S. 96
[64] vgl. Klaus Weinhauer, Schutzpolizei in der Bundesrepublik, S. 126
[65] Stefan Noethen, Alte Kameraden und neue Kollegen, S. 488

Arbeit nieder, selbstverständlich unter Auslassung der Verbrechen, die die Polizei in der NS-Herrschaft begangen hatte. Dabei dienten die Begriffe der »Partisanenbekämpfung« und der »Säuberung« der Vertuschung der Verbrechen an den Juden.[66]

Ermittler, die sich mit der Vergangenheit der »alten Kameraden« befaßten, wurden als Nestbeschmutzer angesehen. Es wurde versucht, angeklagte Beamte zu unterstützen, Absprachen und Vorwarnungen waren die Regel. Ein baden-württembergischer Polizist, der an den Ermittlungen gegen das Polizeibataillon 322 beteiligt war, erinnerte sich: »Wo wir auch hinkamen, alle wußten Bescheid.«[67]

Ende der 50er und Anfang der 60er Jahre wurden die NS-Verbrechen wieder stärker juristisch aufgearbeitet. Es entstanden in den Ländern bei den Justizverwaltungen entsprechende Stellen, die sich mit der Aufklärung befaßten. Von diesen war auch die Polizei betroffen, wie zum Beispiel der ehemalige Leiter der Kriminalpolizeistelle Lodz, Dr. Zirpins, dessen Vergangenheit nach einem Filmbeitrag im NDR vom 30. April 1960 untersucht und auch vor Gericht verhandelt wurde – jedoch ohne Folge für Zirpins.[68]

Andere Polizeibeamte wurden aufgrund ihrer Verstrickungen in die Verbrechen des NS-Staates verurteilt und entlassen, so zum Beispiel der Polizeibeamte Walter Paulikat, der für seine Beteiligung an Verbrechen der Gendarmerie im polnischen Kreis Mielau wegen Mordes

---

[66] vgl. ebd., S. 489
[67] ebd. S. 127
[68] vgl. Frank Liebert, »Die Dinge müssen zur Ruhe kommen, man muß einen Strich dadurch machen«, S. 98 bis 100

zu lebenslanger Haft verurteilt wurde. Solche Urteile waren jedoch eher selten, zumeist wurden die Beamte wegen Beihilfe zu Mord zu geringeren Strafen verurteilt.[69]

Insgesamt zeigt sich am Beispiel einer Statistik aus Schleswig-Holstein vom Sommer 1948, daß die »alten Kameraden« doch sehr weitgehend wieder integriert wurden. So gaben 54.8% der Polizeibeamte eine frühere Mitgliedschaft in der NSDAP, der SS oder der SA an, 15.2% eine Mitgliedschaft in der HJ – unbelastet waren gerade mal 30.0%. Diese Zahlen zeigen, daß ein Fortschreiten der Entnazifizierung zwischen 1947 und 1948 nicht feststellbar war.[70]

---

[69] vgl. Stefan Noethen, Alte Kameraden und neue Kollegen, S. 397 bis 398
[70] vgl. Stephan Linck, Der Ordnung verpflichtet, S. 276

Zwischenfazit

Die Planungen der britischen Regierung zielten auf das Prinzip der indirekten Herrschaft ab. Teil dieses Konzeptes war die Verwendung der vorhandenen Polizeikräfte, wobei die Entnazifizierung im Beamtenapparat hinter den kolonialen Prinzipien zurückstand. Insbesondere die Beteiligung der Kriminalpolizei an den Verbrechen der NS-Herrschaft wurde ausgeblendet.

Nach dem Einmarsch der britischen Truppen in Deutschland wurden jedoch die Entnazifizierungspläne, die auch mit den USA koordiniert und ausgehandelt waren, allein schon aus Sicherheitsinteressen für die eigenen Truppen entschlossen und nachdrücklich umgesetzt. Auch duldete die britische Besatzung in der Polizeiführung weitgehend keine belasteten Offiziere, wobei jedoch durch den Umstand, daß belastete Persönlichkeiten ihre Vergangenheit verheimlichten und die Fragebögen fälschten eine absolute Sicherheit über die Entnazifizierung nicht möglich war.

Die Maßnahmen der Entnazifizierung wurden mit der Zeit innerhalb der deutschen Bevölkerung, die sich einen Schlußstrich unter die Vergangenheit wünschte, immer unbeliebter. Innerhalb der Polizei trugen neben den persönlichen Verschleierungstaktiken auch Kameradschaftsverbundenheit und Korpsgeist zur Vertuschung von Verbrechen bei. Dennoch wurden über die Zeit belastete Persönlichkeiten enttarnt und – wenn auch teilweise zu milden – Strafen verurteilt.

Die Entnazifizierung konnte im Ergebnis jedoch nicht die Rückkehr zahlreicher belasteter Persönlichkeiten in die Polizei verhindern. »Entnazifizierung« umschrieb in den Jahren nach 1947 nicht mehr die »Säuberung« der

Polizeibehörden von Nationalsozialisten, sondern die Reinigung der früheren Mitglieder der NSDAP von ihrer Vergangenheit, zumal, wenn der Chef der Stadtkreis-Polizei Köln angesichts etwa 9% früherer NSDAP-Parteigänger in seiner Behörde verkündete: »Selbstverständlich sind alle diese ehemaligen Mitglieder der NSDAP entnazifiziert.«[71]

»Was als Entnazifizierung gedacht und geplant war, also die Entfernung und Bestrafung der nazistischen Elemente aus der deutschen Gesellschaft, endete als umfassende Rehabilitierungsmaßnahme.«[72]

Im Rückblick läßt sich jedoch sagen, daß die deutsche Polizei in der Demokratie angekommen ist. Dazu war zwar noch ein schwieriger Prozeß in den 50er und 60er Jahren notwendig, der nicht nur mit der Zeit des Nationalsozialismus zusammenhing.

Ein weiterer Beleg, daß dieser Wandel der deutschen Polizei auch international anerkannt wird, ist, daß deutsche Polizisten in anderen Ländern wie dem Irak, der in einer ähnlichen Situation ist wie Deutschland damals, Polizisten ausbilden. Möglicherweise kann die deutsche Erfahrung aus der Vergangenheit hierbei lehrreich sein.

---

[71] Stefan Noethen, Alte Kameraden und neue Kollegen, S. 286
[72] Peter Reichel, Vergangenheitsbewältigung in Deutschland

Entnazifizierung der Justiz in der britischen Zone

Die Briten konzipierten ihr Besatzregime nach den Grundsätzen des »indirekten Regierens« (»indirect rule«). Diese waren für die britischen Kolonien entwickelt worden und besagten in Bezug auf die Besetzung Deutschlands, daß die britische Besatzungsmacht in Deutschland die Verwaltung weitgehend nicht selbst, sondern durch Deutsche wahrnehmen lassen sollte, die dann durch britische Stellen kontrolliert würden.[73]

Nach der Kapitulation Deutschlands war das öffentliche Leben zunächst zum Stillstand gekommen, so auch die Gerichtsbarkeit. Um während der Schließung der Gerichte die öffentliche Ordnung aufrechtzuerhalten, setzten die Briten eigene Militärgerichte ein, die Strafrechtspflege übernehmen sollten. Zugleich wurden einzelne Gerichte wiedereröffnet und Beamte zu Gerichtspräsidenten und Oberstaatsanwälten ernannt, die durch die Besatzungsmacht für unbedingt zuverlässig erachtet wurden.[74]

In der britischen Zone waren im Frühjahr 1945 in allen acht Oberlandesgerichtsbezirken deutsche Oberlandesgerichtspräsidenten und Generalstaatsanwälte eingesetzt worden, die keine Belastungen durch die NS-Zeit hatten.[75] Die Oberlandesgerichtspräsidenten wurden mit weitgehenden Befugnissen im Bereich von Ernennung und Versetzung von Richtern und Staatsanwälten in

---

[73] Vgl. Noethen, Stefan: Alte Kameraden und neue Kollegen. S. 66

[74] Vgl. Niermann, Hans-Eckhard: Zwischen Amnestie und Anpassung. S. 68f

[75] Vgl. Broszat, Martin: Siegerjustiz oder strafrechtliche »Selbstreinigung«. S. 508f

ihrem Bezirk ausgestattet bis hin zum Erlaß von Verwaltungsbestimmungen im inneren Geschäftsbereich, denen allerdings die Militärregierungen vorher zustimmen mußten.[76] Diese Vorgehensweise entsprach den oben genannten Prinzipien der indirekten Regierung, also der Übertragung der eigentlichen Verwaltungsaufgaben an deutsche Behörden unter englischer Kontrolle

Im Herbst 1945 setzte in der britischen Zone das sogenannte »Huckepack-Verfahren« ein, bei dem für jeden unbelasteten Bediensteten ein belasteter eingestellt werden durfte, wodurch nunmehr auch nominelle Mitglieder der NSDAP und ihrer Organisationen der Weg in die Justiz eröffnet wurde.[77] Hierin ist zwar auch eine Reaktion auf die Überlastung der noch unterbesetzen Gerichte zu sehen, was jedoch den personellen Neuanfang unterlief.[78] Diese Regelung führte bereits dazu, daß eine erhebliche Zahl ehemaliger Nazis in die Behörden und Gerichte zurückkehren konnte.[79] Gleichwohl war nicht jedes Mitglied der NSDAP ein überzeugter Nationalsozialist, sondern konnte durchaus auch Karrieregründe für den Beitritt zur Partei gehabt haben. Denn ab März 1939 war die Parteimitgliedschaft oder Zugehörigkeit zu einer der Gliederungen der Partei Voraussetzung für die Tätigkeit als Richter oder Staatsanwalt. Wer eine Beförderungsstelle haben wollte, mußte ab August 1942 Mit-

---

[76] Vgl. Heilbronn, Wolfgang: Der Aufbau der nordrhein-westfälischen Justiz in der Zeit von 1945 bis 1948/9. S. 10
[77] Vgl. Heilbronn, Wolfgang: Der Aufbau der nordrhein-westfälischen Justiz in der Zeit von 1945 bis 1948/9. S. 46
[78] Vgl. Godau-Schüttke, Klaus-Detlev: Ich habe nur dem Recht gedient. S. 27
[79] Vgl. Eickhoff, Bärbel: Entnazifizierung und Restauration der Justiz 1945-49. S. 110

glied der NSDAP sein.[80] Mit der oben bereits erwähnten Kontrollratsdirektive Nr. 24, die auf eine Vereinheitlichung des Entnazifizierungsverfahrens zielte, und der Einrichtung der Entnazifizierungsausschüsse unter Beteiligung der Deutschen hob die Legal Division das »Huckepack-Verfahren« auch auf Drängen der deutschen Justiz wieder auf.[81]

Die Legal Division war die Fachabteilung der britischen Besatzungsmacht, die die deutsche Justiz befehligen und kontrollieren sollte.[82] Dabei litt die Legal Division ständig unter Personalmangel, was eine eigenständige Justizpolitik erschwerte. Somit war sie schon bald auf einen deutschen Justizapparat angewiesen.[83]

Dies schlug sich ab Januar 1946 darin nieder, daß die Briten in ihrer Zone deutsche Entnazifizierungsausschüsse einsetzten, die die Verwaltung überprüfen und die Beschäftigten in die drei folgenden Gruppen einteilen sollten: 1. muß entlassen werden, 2. kann entlassen werden und 3. ist einwandfrei.[84]

Mit der britischen Verordnung 79 vom 24. Februar 1947 wurde bestimmt, daß ein durch die britische Militärregierung eingerichteter deutscher Entnazifizierungsausschuß die endgültige Einteilung der Betroffenen in fünf Kategorien vornehmen sollte, wobei sich die Militärregierung die Entscheidungen über die Einstufungen in die Katego-

---

[80] Vgl. Godau-Schüttke, Klaus-Detlev: Entnazifizierung und Wiederaufbau der Justiz am Beispiel des Bundesgerichtshofs. S. 192f
[81] Vgl. Broszat, Martin: Siegerjustiz oder strafrechtliche »Selbstreinigung«. S. 509f
[82] Vgl. ebd. S. 503
[83] Vgl. ebd. S. 508
[84] Vgl. Godau-Schüttke, Klaus-Detlev: Ich habe nur dem Recht gedient. S. 14

rien I (Verbrecher) und II (Übeltäter) vorbehielt. Weil hiervon jedoch kaum Gebrauch gemacht wurde, mußten die Betroffenen, die eigentlich unter die ersten beiden Kategorien fielen, in die Kategorie III (geringere Übeltäter) eingestuft werden.[85] Von diesen Einstufungen hingen letztlich auch die Aussichten ab, nach Abschluß der Entnazifizierung wieder angestellt zu werden. So wurde hier einer der Grundsteine für die spätere Entwicklung gelegt, in deren Rahmen auch hochbelastete Personen wieder in ihre früheren Positionen gelangen konnten.

Der Personalmangel an den Gerichten und auch in anderen Bereichen der Verwaltung und Polizei stellte immer deutlicher einen Zielkonflikt mit einer gründlichen Entnazifizierung dar. Die britische Entnazifizierungspolitik erwies sich hierbei als milder als die amerikanische, denn die Amerikaner waren zumindest in den ersten Phasen bereit, auch Personalengpässe hinzunehmen. Die Briten setzten neben die Bewertung »politisch nicht tragbar« und »politisch tragbar« eine Kategorie »tragbar mit Amtsveränderung«, was auch dazu beitragen sollte, personelle Engpässe zu beheben.[86]

Diese Strategie erwies sich indes als Rohrkrepierer. Als die Bewertung im Laufe der Zeit immer milder wurden, bedrängten die zunächst Zurückgestuften die Entnazifizierungsausschüsse im Sinne einer Gleichbehandlung mit jenen, die nun milder eingestuft wurden, um ebenfalls milder eingestuft zu werden und so wieder in die

---

[85] Vgl. ebd.
[86] Vgl. Niermann, Hans-Eckard: Zwischen Amnestie und Anpassung. S. 73

alten Dienstpositionen zu gelangen.[87]

Mit dem Aufziehen des Ost-West-Konflikts bedrängten die Amerikaner ihre britischen Kollegen, auf die Entnazifizierung in ihrer Besatzungszone zu verzichten. Die Verordnung 110 vom 1. Oktober 1947 übertrug die Entnazifizierung auf die neu entstandenen Bundesländer, wobei sich die Briten weiterhin die Entscheidung über die Einreihung in die Gruppen I und II vorbehielten.[88] Damit waren nun die Landtage und die Landesregierungen zuständig. Hier nahm selbst innerhalb der britischen Zone die Entnazifizierung in den Bundesländern unterschiedliche Entwicklungen je nach dem, welche Parteien mit welchen Interessen die Regierungen stellten.

Schleswig-Holstein

In Schleswig-Holstein wurde von der von Sozialdemokraten getragenen Regierung ein Entnazifizierungsgesetz erlassen, das die Aufteilung in die fünf Kategorien I. Hauptschuldige, II. Schuldige, III. Belastete, IV. Mitläufer und V. Entlastete übernahm und festlegte, daß in die Gruppen I und II eingereihten Personen nicht wieder als Richter oder Staatsanwälte eingestellt werden durften.[89]

Mit der Übergabe der Verantwortung für die Entnazifizierung an die Länder waren diese für den Großteil der zu entnazifizierenden Personen zuständig. Hier spielt nun die großzügige Einreihung von Personen in die Kategorie III eine Rolle, die eigentlich in die Kategorien I und II gehört hätten, denn auch für diesen Personenkreis waren nun die Bundesländer mit ihrer Gesetzge-

---

[87] Vgl. ebd. S. 78
[88] Vgl. Godau-Schüttke, Klaus-Detlev: Ich habe nur dem Recht gedient. S. 15
[89] Vgl. ebd. S. 16

bung zuständig. Dies wirkte sich maßgeblich auf die
weitere Entwicklung der Entnazifizierung und die Frage
der Wiedereinstellung belasteter Personen aus.

Denn inzwischen hatten sich zahlreiche Gruppen und mit
dem Bund der Vertriebenen und Entrechteten (BHE)
auch eine Partei jener gegründet, die von der Internierung durch die Alliierten und der Entnazifizierung betroffen waren, und die auf die Politik im Sinne der entlassenen Beamten einzuwirken versuchte.[90]

Bei der Landtagswahl von 9. Juli 1950 erreichte die BHE
in Schleswig-Holstein 23.4%, so daß der aus CDU, FDP
und DP bestehende Wahlblock oder die Sozialdemokraten auf den BHE angewiesen waren.[91] Weil die Sozialdemokraten der Forderung des BHE, die Entnazifizierung
schnellstmöglich zu beenden, nicht nachkommen wollte,
kam es zu einer Koalition zwischen BHE und dem
»Deutschen Wahlblock«, der mit dem CDU-Mann Walter Bertram das erste ehemalige NSDAP-Mitglied in das
Amt des Ministerpräsidenten brachte.[92]

Noch nicht einmal ein Jahr nach der Wahl beendete die
neue Regierungskoalition die Entnazifizierung in
Schleswig-Holstein mit dem Entnazifizierungsschlußge-
setz vom 17. März 1951. Dieses regelte, daß alle in die
Gruppen III und IV Eingruppierten die Rechtsstellung
der Gruppe V, also Unbelastete, erhielten. Somit hatten
auch schwerbelastete Nationalsozialsten einen Anspruch
auf die Wiederherstellung ihrer alten Rechte, sofern sie

---

[90] Vgl. Godau-Schüttke, Klaus-Detlev: Ich habe nur dem Recht
gedient. S. 18 und Meyer, Udo und Lothar Zechlin: Der Öffentliche
Dienst nach 1945 zwischen Neuordnung und Restauration. S. 182
[91] Vgl. Godau-Schüttke, Klaus-Detlev: Ich habe nur dem Recht
gedient. S. 18
[92] Vgl. ebd. S. 18f

nicht in die Gruppen I oder II eingruppiert worden waren, womit der BHE in Schleswig-Holstein sein politisches Ziel erreicht hatte.[93]

Im Laufe des Jahres 1952 wurde nun in zwei Erlassen die Bereinigung der Personalakten angeordnet. In einem ersten Schritt sollten die politischen Fragebögen und die bisherigen Personalbögen entfernt und vernichtet werden, so daß nur noch der Kategorisierungsbescheid der jeweiligen Entnazifizierung ohne Nennung von Gründen vorhanden sein sollte.[94] Im zweiten Schritt wurde auch die Beseitigung von Vorgängen, die politische Belastungen enthalten, angeordnet unter der Voraussetzung, daß durch den Erhalt nicht belastender Vermerke oder der Anfertigung von Abschriften nicht belastender Teile der Unterlagen eine lückenlose Personalakte vorhanden bliebe. Die Folge davon war, daß die Vergangenheit der Richter oder Staatsanwälte nicht mehr vollständig nachvollziehbar war.[95] Für sie war damit die Entnazifizierung nun endgültig abgeschlossen. Sie waren nach Zeiten einer gewissen Unsicherheit wieder im Amt angekommen und konnten dort oftmals bis zur regulären Pensionierung verbleiben.

Nordrhein-Westfalen

Wie in Schleswig-Holstein ging auch in Nordrhein-Westfalen die Verantwortung für die Entnazifizierung der Betroffenen der Kategorien II bis V Ende des Jahres 1947 auf die Landesregierung über. Auch die nordrhein-westfälische Landesregierung legte ein Entnazifizierungsgesetz vor, bei dem allerdings die Gruppe der Mit-

---

[93] Vgl. ebd. S. 20
[94] Vgl. ebd. S. 20f
[95] Vgl. ebd. S. 21

läufer entfallen sollte. Vorgesehen waren nur noch die Gruppen »Gefährliche Nationalsozialisten«, »Nutznießer« und »Entlastete.[96] Diejenigen die bislang unter die Gruppe der Mitläufer fielen, wurden nunmehr als Entlastete eingestuft und somit amnestiert.[97]

Im Laufe des Jahres 1947 war auch in Nordrhein-Westfalen die Praxis der Entnazifizierung nachsichtiger geworden, was zur Folge hatte, daß auch erheblich belastete Richter entlastet wurden und bei den Oberlandesgerichtspräsidenten und Generalstaatsanwälten die Wiedereinstellung in die Planstellen begehrten, die sie im NS-Reich innehatten.[98] So blieben die Richter, die nicht Parteigenossen der NSDAP waren, in allen nordrhein-westfälischen Gerichtsbezirken der britischen Zone in der Minderheit: Im OLG-Bezirk Hamm waren 23% Nicht-Parteigenossen, im OLG-Bezirk Düsseldorf waren es 27% und im OLG-Bezirk Köln hatten 25% kein NSDAP-Parteibuch gehabt.[99]

Wenngleich in Nordrhein-Westfalen die belasteten Personen nicht in gleicher Weise so offen und massiv gedeckt wurden wie in Schleswig-Holstein unter der Regierung Bertram, konnten auch hier die alten Kollegen aus der NS-Zeit wieder Fuß fassen. Dabei ist eine Parteimitgliedschaft in der NSDAP als Kriterium nicht ausreichend. Eine Unterstützung des NS-Regimes konnte auch von Personen ausgehen, die nicht Parteimitglieder

---

[96] Vgl. Heilbronn, Wolfgang: Der Aufbau der nordrhein-westfälischen Justiz. S. 49

[97] Vgl. Niermann, Hans-Eckhard: Zwischen Amnestie und Anpassung. S. 79

[98] Vgl. Heilbronn, Wolfgang: Der Aufbau der nordrhein-westfälischen Justiz. S. 50

[99] Vgl. ebd. S. 50f

waren. Dies zeigte sich Nordrhein-Westfalen unter andrem an dem Beispiel des ersten Oberlandesgerichtspräsidenten Ernst Hermsen. Dieser hatte zwar nicht der NSDAP angehört und galt gar als Kritiker der Partei, gleichwohl hatte er mit der Aburteilung der politischen Gegner Hitlers zur Absicherung des nationalsozialistischen Herrschaftsanspruchs im Rheinland beigetragen.[100] Nach noch nicht einmal einem halben Jahr als Oberlandesgerichtspräsident legte Hermsen sein Amt nieder.[101]

Auch der Versuch, in Nordrhein-Westfalen solche Juristen, die während der NS-Zeit Nachteile erlitten hatten, auf beamtenrechtlichen Weg zu entschädigen, blieb in der Praxis ohne Bedeutung. Dies wohl auch, weil sich die alten Seilschaften der Belasteten die Planstellen gegenseitig frei hielten.[102]

Zu den wesentlichen Problemen - nicht nur in Nordrhein-Westfalen - zählte, daß es zwar zahlreiche Entlastungszeugen gab, gleichwohl kaum jemand bereit war, belastende Aussagen zu machen. Im Verfahren gegen den Bielefelder Sondergerichtsvorsitzenden Reinhard Bötz wollten sich die meisten an dessen Verfahren beteiligten Rechtsanwälte nicht an dessen Prozeßführung erinnern.[103] Nur einer der Rechtsanwälte bezeichnete Bötz als »Blutsäufer« und kritisierte die Prozeßführung. Daß seine Kollegen Bötz nicht belasteten, führte er darauf zurück, »daß sich alle, die im Dritten Reich beteiligt

---

[100] Vgl. Niermann, Hans-Eckard: Zwischen Amnestie und Anpassung. S. 70f.
[101] Vgl. ebd. S. 71.
[102] Vgl. Heilbronn, Wolfgang: Der Aufbau der nordrhein-westfälischen Justiz. S. 53ff.
[103] Vgl. Niermann, Hans-Eckard: Zwischen Amnestie und Anpassung. S. 80

gewesen seien, heute gegenseitig decken wüden (...)«.[104]

Die Richter selbst wiesen nicht nur zahlreiche Entlastungszeugen auf, die vor den Entnazifizierungsausschüssen und Spruchkammern bestätigten, daß sie trotz
Mitgliedschaft eine innere Distanz zur NSDAP hatten,
sich für Kollegen einsetzten, die nicht Mitglieder der
Partei waren und beim Strafmaß die richterliche Unab-
hängigkeit gewahrt hätten, sondern sie verwiesen auch
auf Pflichterfüllung oder auf die Angst vor beruflichen
Nachteilen.[105]

Im Dezember 1950 verabschiedete der Deutsche Bundestag der inzwischen gegründeten Bundesrepublik eine
Empfehlung an die Länderregierungen, die Entnazifizierung offiziell zu beenden. Nordrhein-Westfalen folgte
dieser Empfehlung am 12. Februar 1952 mit dem »Gesetz zum Abschluß der Entnazifizierung im Lande Nordrhein-Westfalen.[106]

---

[104] Niermann, Hans-Eckhard: Zwischen Amnestie und Anpassung. S.
81
[105] Vgl. ebd. S. 77f
[106] Vgl. ebd. S. 84f

Entnazifizierung der Justiz in der amerikanischen Besatzungszone

Auch in der amerikanischen Besatzungszone begann die Entnazifizierung mit Massenverhaftungen, von denen auch Justizjuristen betroffen waren.[107]

Die amerikanischen Dienststellen verteilten im Juli 1945 Fragebögen, deren 131 Fragen durch die Inhaber höherer Positionen auszufüllen waren, wobei fehlende und unvollständige Angaben unter Strafe standen.[108] Justizangehörige und Anwälte mußten einen Zusatzfragebogen ausfüllen, auf dem auch nach einer Tätigkeit beim Volksgerichtshof gefragt wurde.[109]

Die 131 Fragen bezogen sich auf den Werdegang des Ausfüllenden von der Grundschule an und forderten auch Informationen über die Eltern und etwaige politische Betätigungen bereits in der Weimarer Republik ein. Wer mehr als ein nur »nomineller Nazi« war, sollte ohne Rücksicht auf personellen Ersatz aus seiner Position entlassen werden.[110]

Anhand der Fragebögen sollten die Betroffenen in fünf Kategorien eingestuft werden, nämlich die bereits mehrfach gennannten: Hauptschuldige, Belasteter, Minderbelasteter, Mitläufer und Entlasteter.[111]

Um der Personalnot Herr zu werden, die die Entlassungen bewirkt hatten, überließen die Amerikaner zum

---

[107] Vgl. Rohloff, Gabriele: »Ich weiß mich frei von irgendeiner Schuld...«. S. 55
[108] Vgl. Ortner, Helmut: Der Hinrichter. S. 288.
[109] Vgl. ebd. S. 289.
[110] Vgl. Rohloff, Gabriele: »Ich weiß mich frei von irgend einer Schuld...«. S. 56.
[111] Vgl. ebd.

Beispiel in Bremen Rechtsanwälten, die nach einer groben Überprüfung als unbelastet galten, die Aufgaben als Richter und Staatsanwälte.[112] Hier zeigte sich, daß das Mißtrauen der Amerikaner in die bisher tätigen Juristen groß war. Die Wiederzulassung von Justizjuristen wurde von den Amerikanern restriktiv gehandhabt.[113] Die konsequente Durchführung der Entnazifizierung hatte in dieser Phase Vorrang vor möglichem oder tatsächlichem Personalmangel.

Mit einer Einzelfallprüfung, die von einem für die Justiz zuständigen Unterausschuß durchgeführt wurde, sollte sichergestellt werden, daß Richter und Staatsanwälte nicht tätig wurden, wenn sie vor dem 1. April 1933 Mitglied der NSDAP geworden, bei einem Parteigericht Mitglied oder Mitglied der SS, beziehungsweise unterunterbrochen seit 1933 Mitglied der SA oder der Partei waren. Als untragbar galten sie ebenfalls, wenn sie seit 1937 Mitglied der Partei oder der SA waren und hier einen Rang bekleidet hatten.[114]

Im Juli 1946 zeigte sich weiterhin, daß die Zulassung von Juristen bei den Amerikanern deutlich strenger gehandhabt wurde, als bei den Briten. Die Zahl der in der amerikanischen Besatzungszone zugelassenen Richter betrug zu der Zeit ungefähr ein Drittel des früheren Standes, während in der britischen Zone von damals 2895 Stellen 2033 (70.2%) wieder besetzt waren.[115]

Mit dem »Befreiungsgesetz« vom 05.03.1946 wurden in

---

[112] Vgl. ebd. S. 58f
[113] Vgl. ebd. S. 60
[114] Vgl. ebd. S. 68
[115] Vgl. Broszat, Martin: Siegerjustiz oder strafrechtliche »Selbstreinigung«. S. 508

der amerikanischen Zone deutsche Spruchkammern
eingerichtet.[116] Das Gesetz räumte den Spruchkammern
freies Ermessen bei den Entscheidungen ein und verpflichtete sie von Amts wegen, die Wahrheit zu erfor-
schen. Überdies mußten alle Personen über 18 Jahre
einen Meldebogen ausfüllen, der neben persönlichen
Daten auch die Mitgliedschaft in der NSDAP und deren
Gliederungen und angeschlossenen Verbänden ab-
fragte.[117]

Das Befreiungsgesetz stellte in jeder Hinsicht die recht-
liche Grundlage für die Übertragung der Verantwortung
der Entnazifizierung auf die Deutschen dar. In der Einführung zum Gesetz heißt es unter 5.: »Die Amerikanische Militärregierung hat nunmehr entschieden, daß das
deutsche Volk die Verantwortung für die Befreiung von
Nationalsozialismus und Militarismus auf allen Gebieten
mitübernehmen kann. Der Erfüllung der damit dem
deutschen Volk übertragenen Aufgabe dient dieses Gesetz, das sich im Rahmen der Anweisung Nr. 24 des
Kontrollrates hält.«[118]

Die Spruchkammern hatten mit den gleichen Problemen
zu kämpfen wie die Ausschüsse in der britischen Zone:
sie sahen sich einem Heer von Entlastungszeugen gegenüber, während sich kaum Belastungszeugen fanden.
Je mehr jemand belastet war, desto glänzender seien
dessen Entlastungszeugen gewesen.[119]

---

[116] Vgl. ebd. S. 509
[117] Vgl. Rohloff, Gabriele: »Ich weiß mich frei von irgendeiner
Schuld…«. S. 87f
[118] Gesetz Nr. 104 zur Befreiung von Nationalsozialismus und
Militarismus. Hier nach: http://www.verfassungen.de/de/bw/wuertt-b-
befreiungsgesetz46.htm (zuletzt angewählt: 17.06.2015
[119] Vgl. Friedrich, Jörg: Die kalte Amnestie. S. 137f.

Um die Spruchkammern zu entlasten, folgten zu Weihnachten 1947 zwei Amnestien, die mit denen Bagatellfälle aus den Verfahren genommen wurden, nämlich die Amnestierung der Bezieher kleiner Einkommen und der Jugendlichen, die nach 1919 geboren worden waren.[120]

Nach anfänglichem scharfem Durchgreifen wurde auch die Spruchkammerpraxis milder und die meisten Betroffenen in die Kategorien Mitläufer und Unbelastete eingereiht.[121] 1949 waren in Bayern, das in der amerikanischen Zone lag, von 924 Richtern 81% ehemalige Parteigenossen.[122] Damit schlug die Entnazifizierung nach der Übergabe der Verantwortung an die Deutschen in der amerikanischen Zone den gleichen milden Weg ein, den sie auch in der britischen Zone genommen hatte.

---

[120] Vgl. ebd. S. 142
[121] Vgl. Müller, Ingo: Furchtbare Juristen. S. 256
[122] Vgl. ebd. S. 257

Entnazifizierung der Justiz in der sowjetischen Besatzungszone

In der sowjetischen Besatzungszone wurde die Entfernung aller Mitglieder der NSDAP aus dem Justizdienst durch den SMAD-Befehl Nr. 49 vom 4. September 1945 angeordnet.[123] Die Verordnung wurde als zwingende Pflicht durchgesetzt und zumindest bis 1947/48 kaum gemildert. Dies betraf nicht nur die Mitglieder der NSDAP sondern auch jene ihrer Organisationen.[124] Um die nun entstandenen Lücken in der Rechtpflege zu füllen, wurden ab Dezember 1945 sogenannte »Volksrichter« in achtmonatigen Kurzlehrgängen ausgebildet, die ab Sommer 1947 auf ein Jahr verlängert wurden.[125]

Das Ergebnis dieser Vorgehensweise in der sowjetischen Besatzungszone, also der späteren DDR, war, daß es im April 1950 kaum noch Richter und Staatsanwälte gab, die Mitglieder in der NSDAP oder einer ihrer Gliederungen waren. Die Zahlen diesbezüglich variieren von sechzehn Richter und ein Staatsanwalt bis 31 Richter und fünf Staatsanwälte von 1037 Richtern und 272 Staatsanwälten.[126]

1950 waren von den genannten 1037 Richtern 549 Absolventen der Volksrichterlehrgänge und von den 272 Staatsanwälten hatten 186 die Volksrichterlehrgänge besucht. 488 Richter und 91 Staatsanwälte waren Akademiker. Bis zum Ende des Jahres 1950 stiegen die

---

[123] Vgl. Rottleuthner, Hubert: Karrieren und Kontinuitäten deutscher Justizjuristen vor und nach 1945. S. 54
[124] Vgl. Broszat, Martin: Siegerjustiz oder strafrechtliche »Selbstreinigung«. S. 488
[125] Vgl. Rottleuthner, Hubert: Karrieren und Kontinuitäten deutscher Justizjuristen vor und nach 1945. S. 54
[126] Vgl. ebd. S. 55

Zahlen der Absolventen der Volksrichterlehrgänge auf 606 bei den Richtern und 199 bei den Staatsanwälten.[127] Mit dieser Vorgehensweise wurde in der DDR ein radikaler Elitentausch in der Justiz vorgenommen, der darauf abzielte, Kontinuitäten in den Karrieren von Justizbediensteten nach dem Dritten Reich möglichst zu vermeiden.

---

[127] Vgl. ebd. S. 56

Entnazifizierung von BGH und Verfassungsgericht

Bemerkenswert sind die Kontinuitäten am Bundesgerichtshof und am Bundesverfassungsgericht. Während der Bundesgerichtshof von Anfang an eine hohe Kontinuität von Juristen, die bereits vor 1945 tätig waren, aufwies, zeigte sich am Bundesverfassungsgericht die gegenteilige Entwicklung. Am Bundesgerichtshof stieg der Anteil der Kontinuitäten ab 1950 von 68% bis 1956 auf 79% an, blieb in den Folgejahren bei 77% und fiel 1964 auf 71% ab.[128] Am Bundesverfassungsgericht betrug der Anteil der Juristen, die bereits vor 1945 tätig waren, im Jahr 1953 nur 13% (nach 17% im Jahr 1951) und stieg bis 1962 langsam auf 26% an. Im Jahr 1964 folgte ein Sprung auf 50%.[129] Hier wurde offensichtlich in den Anfangsjahren des Bundesverfassungsgerichts stärker auf Diskontinuität geachtet als dies beim Bundesgerichtshof der Fall war.[130]

In einer Untersuchung von 69 von 100 eingestellten Bundesrichtern zeigte sich, daß 27 der 69 Bundesrichter der NSDAP angehört hatten.[131] Elf der 42 Bundesrichter, die keine Parteimitglieder waren, seien als NS-Justizkriegsverbrecher einzustufen, denn sie waren Mitglieder eines NS-Sondergerichts, fällten in der Wehrmachtsjustiz Todesurteile oder formulierten Gesetze und Erlasse für die Wehrmachtsjustiz.[132] Hier zeigt sich, daß die

---

[128] Vgl. Rottleuthner, Hubert: Karrieren und Kontinuitäten deutscher Justizjuristen vor und nach 1945. S. 84
[129] Vgl. ebd. S. 86
[130] Vgl. ebd. S. 85
[131] Vgl. Godau-Schüttke, Klaus-Detlev: Entnazifizierung und Wiederaufbau der Justiz am Beispiel des Bundesgerichtshofs. S. 192
[132] Vgl. ebd. S. 193

Parteimitgliedschaft allein kein Kriterium zur Beurteilung der NS-Vergangenheit des Betroffenen sein konnte, sondern eine Betrachtung seiner Tätigkeit im NS-Staat notwendig gewesen wäre.[133]

Bei der Besetzung des Bundesgerichtshofs zeigt sich, wie auch bei der Justiz im Ganzen, also auch in den Bundesländern, ein Problem, das dazu führte, daß der Einzug auch belasteter Juristen begünstigte, und welches auch in der Literatur als schwer faßbar bezeichnet wird.

Der erste Justizminister der Bundesrepublik, Thomas Dehler, hatte selbst unter den Nazis gelitten, weil er mit einer Jüdin verheiratet war und die gesamte Zeit von 1933 bis 1945 zu ihr hielt. Gleichwohl hatte er nach 1945 keine Berührungsängste mit ehemaligen Nazis.[134] Er setzte sich erfolgreich dafür ein, daß Hermann Weinkauff Präsident des Bundesgerichtshof wurde. Weinkauff war ein konservativer Jurist, dessen Sozialisation während seiner Teilnahme am Ersten Weltkrieg unter kaiserlichen Berufsoffizieren stattfand, die obrigkeitsstaatlich dachten und antisozialdemokratisch bis hin zu antisemitisch eingestellt waren.[135] Dieser sorgte beim Aufbau des Bundesgerichtshofes dafür, daß auch NS-Justiztäter, die in der NSDAP oder an Sonder- und Militärgerichten waren, am Bundesgerichtshof Spitzenpositionen besetzen, wenn sie nur die Entnazifizierung erfolgreich durchlaufen hatten.[136]

Unter ihnen war auch Willy Geiger, der in seiner Doktorarbeit ein rassistisches Gesetz zur Beseitigung jüdi-

---

[133] Vgl. ebd. S. 195
[134] Vgl. ebd. S. 195
[135] Vgl. ebd. S. 197f
[136] Vgl. ebd. S. 203

scher Redakteure aus der Presse befürwortend bearbeitet hatte, und als Staatsanwalt am Sondergericht Bamberg mehrere Todesstrafen entgegen den gesetzlichen Bestimmungen beantragt hatte, die auch vollstreckt wurden.[137] Hier wird von einem »klassischen Beispiel für die misslungene Personalpolitik von Thomas Dehler und Herrmann Weinkauf«[138] gesprochen.

Dieser Vorgang mag erklären, warum der Anteil der Kontinuitäten von Richterkarrieren im Anschluß an die NS-Zeit am Bundesgerichtshof so hoch war. Schwer zu erklären bleibt jedoch, warum Menschen wie Dehler, die selbst unter dem Nationalsozialismus gelitten haben, mit solche Richterkarrieren unterstützt haben.

---

[137] Vgl. ebd. S. 205f
[138] Ebd. S. 209

Artikel 131 GG und das »131er Gesetz«

Weil im Parlamentarischen Rat keine Einigung über den Umgang mit den entlassenen Beamten des Dritten Reiches gefunden werden konnte, wurde das Problem mit der Schaffung des Artikels 131 GG dem Bundesgesetzgeber zur Lösung übertragen.[139]

Dieser Grundgesetz-Artikel gab dem Bundesgesetzgeber auf, »die Rechtsverhältnisse von Personen einschließlich der Flüchtlinge und Vertriebenen, die am 8. Mai 1945 im öffentlichen Dienste standen, aus anderen als beamten- oder tarifrechtlichen Gründen ausgeschieden sind und bisher nicht oder nicht ihrer früheren Stellung entsprechend verwendet werden«[140], in einem Bundesgesetz zu regeln. Überdies sollten auch die Pensionsansprüche jener erhalten bleiben, die solche am 8. Mai 1945 und diese aufgrund anderer als beamten- oder tarifrechtlichen Gründe verloren hatten.[141] Der letzte Satz des Art. 131 GG regelte, daß bis zum Inkrafttreten des Bundesgesetzes keine Rechtsansprüche geltend gemacht werden konnten.

Die »Personen einschließlich der Flüchtlinge und Vertriebenen, die am 8. Mai 1945 im öffentlichen Dienst standen« (Art. 131 Satz 1 GG) oder »versorgungsberechtigt« (Art 131 Satz 2 GG) waren, waren all jene Beamte und Pensionäre, die mit der Kapitulation Deutschlands aus ihrem Dienst durch die Besatzmächte entlassen wurden oder ihre Ansprüche verloren.

---

[139] Vgl. Müller, Ingo: Furchtbare Juristen. S. 259f.
[140] Artikel 131 Grundgesetz
[141] Vgl. ebd. Satz 2.

Der Art. 131 war eine Schöpfung der Deutschen Partei (DP), die auf die Unterstützung der Vertreter der bürgerlichen Parteien und auf den Widerstand von SPD und KPD im Parlamentarischen Rat stieß.[142] Schließlich billige die SPD den Art. 131, nachdem auf Anregung des FDP-Abgeordneten Höpker-Aschoff der dritte Satz eingefügt wurde, der das Ruhen der Wiedereinstellungsansprüche bis zur Verabschiedung eines Bundesgesetzes bestimmte.[143]

Der Bundesgesetzgeber kam diesem Verfassungsauftrag im Mai 1951 mit sogenannten »131er Gesetz« (G 131) nach. Es verpflichtete den öffentlichen Dienst, mindestens 20% der Stellen mit Bediensteten der NS-Zeit zu besetzen.[144] In Rechnung zu stellen ist, daß, wie oben gezeigt, bereits durch den milder werdenden Trend bei der Entnazifizierung bereits auch belastete Personen in die Justiz und den öffentlichen Dienst zurückgekehrt waren. Mit dem Gesetz zum Artikel 131 wurde weiteren Personen, die bislang noch nicht in den öffentlichen Dienst zurückkehren konnten, dieser Weg geebnet. Nicht nur verschaffte das G 131 den ehemaligen Beamten des NS-Regimes einen Anspruch auf Wiedereinstellung, sondern es ermöglichte auch die Nachforderung von Bezügen für die Zeit, in der dieser Personenkreis aufgrund der Entlassung durch die Alliierten oder im Rahmen der Entnazifizierung nicht eingestellt waren. Hiervon waren nur Gestapo-Beamte ausgenommen und solche ehemaligen NS-Beamte, die während der Entnazi-

---

[142] Vgl. Mayer, Udo und Lothar Zechlin: Der öffentliche Dienst nach 1945. S. 182 und 184.
[143] Vgl. ebd. S. 184.
[144] Vgl. Godau-Schüttke, Klaus-Detlev: Ich habe nur dem Recht gedient. S. 22.

fizierung als Haupttäter eingestuft wurden.[145]

Das G 131 legte überdies eine Quote für die Wiedereinstellung der von ihm Begünstigten fest: Die Verwaltung
wurde gemäß § 12 Abs. 1 Satz 1 des Gesetzes zur Regelung der Rechtsverhältnisse der unter Artikel 131 des
Grundgesetzes fallenden Personen verpflichtet, 20% der
Aufwendungen für diesen Personenkreis aufzuwen-
den.[146] In § 3 des Gesetzes wurden die Personen aufgeführt, die nicht in den Genuß der Unterbringungspflicht
des öffentlichen Dienstes kommen sollten. Dies waren
vor allem Personen, die zuvor im Rahmen der Entnazifizierungsverfahren oder Strafverfahren im Zusammenhang mit Verbrechen der NS-Zeit verurteilt worden
waren. Eine »Renazifizierung« war somit eigentlich
nicht vorgesehen.[147]

Die Unterbringungsverpflichtung brachte für die Bundesländer den Vorteil mit sich, daß die untergebrachten
Beamten durch den Bund besoldet wurden. Erfüllte das
jeweilige Bundesland die Unterbringungsquote nicht,
mußte es einen Ausgleich an den Bund zahlen. Dabei
konnten allerdings auch Beamte angerechnet werden, die
unter die Regelungen des Gesetzes fielen, jedoch schon
angestellt waren.[148] Bei der Polizei waren von diesen
Regelungen jedoch die Stellen des höheren Dienstes
betroffen.

Am Beispiel der Polizeidirektion Bielefeld läßt sich
ablesen, daß sich im Gehobenen Dienst der Anteil der
131er zwischen 40% und 60% bewegte, im Mittleren

---

[145] Vgl. Müller, Ingo: Furchtbare Juristen. S. 260
[146] Vgl. BGBl Nr. 22 S. 209f
[147] Stefan Noethen, Alte Kameraden und neue Kollegen, S. 367
[148] vgl. ebd. S. 368

und Höheren Dienst bei 20% lag.[149] Bei einer solchen
Entwicklung tat sich die Sorge auf, daß durch die
Wiedereinstellung von »alten Kameraden« die Auf-
stiegschancen der jüngeren und unbelasteten Beamten
geschmälert werden können.

Die Formulierung, daß ehemalige Angehörige der *Ge-
heimen Staatspolizei* wieder eingestellt werden konnten,
wenn sie »von Amts wegen« zur Gestapo versetzt wurden, ließ indes Spielraum für Interpretationen, nämlich
ob die Beamten »gegen ihren Willen«, »ohne eigenes
Verlangen« oder einfach nur »ohne ihr Dazutun« versetzt wurden. Da die Kriminalpolizei bei der Gestapo
eingegliedert wurde, konnten viele der ehemaligen Beamten bei günstiger Auslegung auf ihre Wiedereinstellung als »131er« hoffen.[150] Somit fand also die auch vor
den Entnazifizierungsausschüssen immer wieder vorge-
tragene Argumentation der »zwangsweisen« Überstel-
lungen zur Gestapo eine offizielle Beglaubigung.[151]

Auch nach Inkrafttreten des Bundesgesetzes zum Artikel
131 verschwiegen belastete Polizeibeamte weiterhin ihre
Verstrickungen, denn diese führten ja auch im Rahmen
dieses Gesetzes zum Ausschluß, beziehungsweise zur
Nichtaufnahme in den öffentlichen Dienst. So wurden
auch in den 50er und mehr noch in den 60er Jahren Polizisten, die inzwischen wieder eingestellt waren, wegen
ihrer Verstrickungen in NS-Verbrechen, sofern sie ihnen

---

[149] vgl. Klaus Weinhauer, Schutzpolizei in der Bundesrepublik, S. 124
bis 125

[150] vgl. Stefan Noethen, Alte Kameraden und neue Kollegen, S. 369 bis
370
[151] vgl. Frank Liebert, »Die Dinge müssen zur Ruhe kommen, man
muß einen Strich dadurch machen«, S. 97

nachgewiesen werden konnten, verurteilt und aus dem Dienst entlassen.[152]

Während die Opfer des Nazi-Regimes nach Erlaß des G 131 noch fünf Jahre lang auf ein Bundesentschädigungsgesetz warten und auf dem Weg zur Entschädigung zahlreiche Nachweise erbringen mußten, hatten die 131er unabhängig ihrer wirtschaftlichen Lage einen Anspruch auf Versorgung.[153]

Im Zusammenhang mit diesem Gesetz kam es zu einer Kontroverse zwischen dem Bundesgerichtshof und dem Bundesverfassungsgericht. Ersterer war der Überzeugung, daß mit der Kapitulation des Reiches die Beamtenverhältnisse nicht erloschen seien, weil der Art 129 der Weimarer Reichsverfassung, der die wohlerworbenen Rechte der Beamte schütze, während des Dritten Reiches nicht aufgehoben worden sei und nach dessen Zusammenbruch weitergelte.[154] Das Bundesverfassungsgericht wies diese Rechtsposition zurück und stellte in seinem Urteil von 1953 klar, daß die Beamtenverhältnisse des Dritten Reiches mit der Kapitulation vom 8. Mai 1945 erloschen seien.[155]

Auch wenn das Gesetz zur Rechtstellung der in Artikel 131 GG Genannten nahezu allen Gruppen von NS-Beamten - auch in der Justiz - die Rückkehr in die alten oder zumindest vergleichbaren Positionen eröffnete, wurde aus einer der wenigen nicht-privilegierten Gruppen geklagt. Ehemalige Angehörige der Gestapo legten

---

[152] vgl. Stefan Noethen, Alte Kameraden und neue Kollegen, S. 405
[153] Vgl. Ortner, Helmut: Der Hinrichter. S. 302f
[154] Vgl. Mayer, Udo und Lothar Zechlin: Der Öffentliche Dienst nach 1945. S. 186
[155] Vgl. ebd. S. 187

Beschwerde beim Bundesverfassungsgericht ein.[156] Dieses stellte in seinem Urteil von 1957 fest, daß die generelle Nichtgewährung von Rechtsansprüchen an die ehemaligen Angehörigen der Gestapo aus dem Gesetz zum Artikel 131 keine Kollektivstrafe und somit mit der Verfassung vereinbar sei.[157] Darüber hinaus bekräftigte das Bundesverfassungsgericht seine Rechtsprechung von 1953, daß die Beamtenverhältnisse zum Deutschen Reich mit dem 8. Mai 1945 erloschen seien.[158] Die Frage, ob das Deutsche Reich mit der Kapitulation untergegangen und die Beamtenverhältnisse mit dem 8. Mai 1945 erloschen seien, spielten für die Ansprüche der ehemaligen Bediensteten eine wichtige Rolle und beeinflußten auch die Entstehungsgeschichte des Art. 131 GG.[159]

In seinem Urteil von 1957 betonte dann auch das Bundesverfassungsgericht, daß die Nichtgewährung der Rechtsansprüche für Gestapo-Beamte nur dann verfassungswidrig wäre, wenn deren Beamtenverhältnisse über den 8. Mai 1945 bestehengeblieben wären.[160]

Aber auch abgesehen von den Ausnahmen stellte das G 131 im Wesentlichen eine Restauration in den bundesdeutschen Justiz- und Amtsstuben sowie der Polizei dar, die die Reste der Entnazifizierung bis auf wenige Ausnahmen weitgehend aufhob. Über die Restauration hinaus zählte zu den unmittelbaren Nebenwirkungen des G

---

[156] Vgl. Müller, Ingo: Furchtbare Juristen. S. 261.
[157] Vgl. BVerfG: Erlöschen der früheren Beamtenverhältnisse; keine Rechtsansprüche der Gestapoangehörigen. NJW 1957, 579
[158] Vgl. ebd.
[159] Vgl. Müller, Ingo: Furchtbare Juristen. S. 259ff
[160] Vgl. BVerfG: Erlöschen der früheren Beamtenverhältnisse; keine Rechtsansprüche der Gestapoangehörigen. NJW 1957, 579

131, daß besonders die NS-Verfolgten und Unbelasteten aus den Positionen verdrängt wurden, in die sie durch die Alliierten hineingelangt waren. Art. 132 GG ermöglichte die Entlassung jener, die nach dem Krieg eingestellt wurden, obwohl sie nicht über alle Laufbahnprüfungen verfügten, was vor allem jene traf, die durch die Diskriminierung und Ausgrenzung im Dritten Reich dazu nicht in der Lage waren. Jene, die Opfer waren, mußten nun also die Positionen für jene räumen, die auch schon im NS-Staat tätig waren und nun über das G 131 in die Justiz- und Amtsstuben zurückdrängten.[161] Auf diese, während der NS-Herrschaft benachteiligte Gruppe soll abschließend noch ein Blick geworfen werden.

---

[161] Vgl. Müller, Ingo: Furchtbare Juristen. S. 260f

Folgen für die Unbelasteten in der Justiz

Durch die gescheiterte Entnazifizierung wurden unbelastete und verfolgte Richter des Dritten Reiches erneut zu Opfern. Zwar waren sie zunächst als unbelastete Richter eingestellt worden. Es wurden aber auch einige von ihnen wieder entlassen. Grund dafür waren auch die Entscheidungen, die im Rahmen der Entnazifizierung getroffen wurden.

Die Rehabilitierungsmaßnahmen, mit denen die Entscheidungen im Rahmen der Entnazifizierung aufgehoben wurden, führten dazu, daß unbelastete Juristen entweder zurückgesetzt oder gar nicht eingestellt wurden. Weil das 131er Gesetz für die Verwaltung Quoten vorsah, die von diesen auch noch übertroffen wurden, zogen zahlreiche ehemalige NS-Juristen wieder in die Gerichte und Staatsanwalte ein und verdrängten jene, die während der Diktatur berufliche Nachteile oder gar Verfolgung zu erleiden hatten.

Aus der Stadt Worms im französischen Sektor, hieß es im April 1949, »daß es für politisch unbelastete Personen zur Zeit unmöglich sei, im öffentlichen Dienst angestellt zu werden, während ehemalige Pgs [Parteigenossen der NSDAP, U.E.] erstaunlich schnell an ihre alte Stelle zurückkehrten«.[162]

Seilschaften der Belasteten hielten sich gegenseitig die Planstellen frei und profitierten dabei von einer milden Entnazifizierungspolitik, die selbst solche Belastete in die Kategorien IV und V einstuften, die bei Sonderge-

---

[162] Möhler, Rainer: Entnazifizierung in Rheinland-Pfalz und im Saarland unter französischer Besetzung von 1945 bis 1952. S. 399.

richten tätig oder in der SA Mitglied waren.[163] Verfolgte des NS-Regimes wurden in der Regel nur durch die alliierten Behörden gefördert. Ebenso wurden jene benachteiligt, die sich an der Entnazifizierung beteiligten.[164] Auch die Versuche, während der NS-Zeit Benachteiligte auf beamtenrechtlichen Wegen zu entschädigen, scheiterten oder spielten mit niedrigen Fallzahlen kaum eine Rolle.[165]

Gleichwohl stellt sich die Frage, warum immer wieder gerade Personen, die unter den Nazis gelitten hatten, den ehemaligen Funktionsträgern des NS-Staates auch in der Justiz geholfen haben, ihre alten Positionen wiederzuerlangen, beziehungsweise überhaupt in den Justizdienst eingestellt zu werden, statt vorzugsweise auf Personal zurückzugreifen, das während der NS-Zeit im Widerstand oder zumindest nicht belastet war.

Heilbronn vermutet, daß jene, die im NS-Regime ausgegrenzt waren, möglicherweise Angst hatten, bei einem harten Vorgehen gegen die NS-Seilschaften erneut ausgegrenzt zu werden.[166] Überdies wurden von den Richtern, die dank milder Entnazifizierungsverfahren wieder in die in die alten Positionen kamen, jene während der NS-Zeit benachteiligten Kollegen, die bei der Verfolgung von NS-Juristen und bei der Entnazifizierung mitgewirkt hatten, als Nestbeschmutzer oder Fremdkörper

---

[163] Vgl. Heilbronn, Wolfgang: Der Aufbau der nordrhein-westfälischen Justiz. S. 54f
[164] Rasehorn: Zur »Renazifizierung" der Nachkriegsjustiz (ZRP 2000, 127, 129)
[165] Vgl. Heilbronn, Wolfgang: Der Aufbau der nordrhein-westfälischen Justiz. S. 54f
[166] Vgl. Heilbronn, Wolfgang: Der Aufbau der nordrhein-westfälischen Justiz. S. 58f

betrachtet.[167] Plausibel erscheint auch die Erklärung, daß sich die im Dritten Reich beteiligten und dank milder Entnazifizierung und Art. 131 GG in ihre alten Positionen Zurückgekehrten, gegenseitig gedeckt haben.

All diese Einflüsse bewirkten, daß nicht etwa die im Dritten Reich Benachteiligten und Verfolgten an die Spitzen der bundesdeutschen Justiz rückten, sondern die Kontinuitäten auch jener dominierten, die durch ihre Rolle in der NS-Justiz belastet waren.

---

[167] Vgl. ebs. S. 58 und Rasehorn: Zur »Renazifizierung" der Nachkriegsjustiz (ZRP 2000, 127, 129)

Schlußbetrachtung

In der Literatur wird die Entnazifizierung allgemein und auch für die Justiz im Speziellen als gescheitert betrachtet. Diverse Interessen und Entwicklungen spielten hierbei eine Rolle. Die nachsichtige Entnazifizierung, deren Begründung auch sicher darin lag, daß eine konsequente Entnazifizierung nur mit viel Personal und unter größerer Akzeptanz der deutschen Bevölkerung hätte durchgeführt werden können, trug zu dieser Entwicklung ebenso bei.

Besonders begünstigt wurde das Ende der Entnazifizierung durch den Kalten Krieg. Das Interesse der Westalliierten, Deutschland im Kalten Krieg auf der Seite des Westens zu integrieren[168] und wieder aufzurüsten,[169] hatte Vorrang vor der konsequenten Durchführung der Entnazifizierung, zumal diese in der westdeutschen Bevölkerung überwiegend abgelehnt wurde.[170]

Ohnehin wurden in der Bundesrepublik durch den Kalten Krieg Staatsfeinde wieder links verortet, wodurch die ehemaligen Richter des Dritten Reiches sich in ihrer alten Rechtsprechung bestätigt gesehen haben mochten.[171]

Insgesamt hat sich die Entwicklung in der Justiz nicht anders gezeigt als in der übrigen Verwaltung. Auch dies hat dazu beigetragen, daß die Aufarbeitung der Rolle der

---

[168] Vgl. Niermann, Hans-Eckhard: Zwischen Amnestie und Anpassung: S. 88
[169] Vlg. Godau-Schüttke, Klaus-Detlev: Entnazifizierung und Wiederaufbau der Justiz. S. 191
[170] Vgl. ebd.
[171] Vgl. Niermann, Hans-Eckhard: Zwischen Amnestie und Anpassung. S. 92

Justiz im Dritten Reich erst und dies auch nur zögerlich begann, als sich die ehemaligen Nazi-Richter in den Ruhestand verabschiedet hatten. Wie auch in anderen Bereichen der Gesellschaft fand die Aufarbeitung erst sehr spät statt, so daß eine Großzahl der Opfer und ihrer unmittelbar Hinterbliebenen keine Genugtuung mehr erfahren konnten.

Literatur

Broszat, Martin: Siegerjustiz oder strafrechtliche »Selbstreinigung«. Aspekte der Vergangenheitsbewältigung der deutschen Justiz während der Besatzungszeit 1945 – 1949. In: Bracher, Karl Dietrich und Hans-Peter Schwarz (Hrsg.): Vierteljahrshefte für Zeitgeschichte. 29. Jahrgang 1981. Stuttgart. S. 477 bis 544.

Deutscher Bundestag (Hrsg.): Grundgesetz. Stand: September 2002. Berlin 2003

Eickhoff, Bärbel: Entnazifizierung und Restauration der Justiz 1945-49. In: Hochschule für Wirtschaft und Politik Hamburg (Hrsg.): Restauration im Recht. Jahrbuch für Sozialökonomie und Gesellschaftslehre. Opladen 1988. S. 101 - 127

Friedrich, Jörg: Die kalte Amnestie. NS-Täter in der Bundesrepublik. Frankfurt am Main 1984.

Godau-Schüttke, Klaus-Detlev: Entnazifizierung und Wiederaufbau der Justiz am Beispiel des Bundesgerichtshofs. In: Schumann, Eva (Hrsg.): Kontinuitäten und Zäsuren. Rechtswissenschaft und Justiz im »Dritten Reich« und in der Nachkriegszeit. Göttingen 2008. S. 189 bis 212.

Godau-Schüttke, Klaus-Detlev: Ich habe nur dem Recht gedient. Die »Renazifizierung« der Schleswig-Holsteinischen Justiz nach 1945. Baden-Baden 1993.

Heilbronn, Wolfgang: Der Aufbau der nordrhein-westfälischen Justiz in der Zeit von 1945 bis 1948/9 in: Justizministerium des Landes NRW (Hrsg.): Juristische Zeitgeschichte. Band 5. Düsseldorf 1996. S. 1 bis 59.

Liebert, Frank, »Die Dinge müssen zur Ruhe kommen,

da muß man einen Strich dadurch machen« - Politische »Säuberung« in der niedersächsischen Polizei 1945 – 1951, in: Gerhard Fürmetz/Herbert Reinke/Klaus Weinhauer, Nachkriegspolizei – Sicherheit und Ordnung in Ost- und Westdeutschland 1945 – 1969, Hamburg 2001

Linck, Stephan, Der Ordnung verpflichtet: deutsche Polizei 1933 – 1949: der Fall Flensburg, Paderborn [u.a.] 2000

Meyer, Udo und Lothar Zechlin: Der Öffentliche Dienst nach 1945 zwischen Neuordnung und Restauration in: Jahrbuch für Sozialökonomie und Gesellschaftstheorie. Opladen 1988. S. 101 bis 194.

Möhler, Rainer: Entnazifizierung in Rheinand-Pfalz und im Saarland unter französischer Besatzung von 1945 bis 1952. Mainz, 1992.

Müller, Helmut M., Schlaglichter der deutschen Geschichte, Leipzig – Mannheim 2004, Lizenzausgabe für die Bundeszentrale für politische Bildung

Müller, Ingo: Furchtbare Juristen. Die unbewältigte Vergangenheit der deutschen Justiz. 2. Auflage. Berlin 2014.

Niermann, Hans-Eckhard: Zwischen Amnestie und Anpassung. Die Mechanismen der personellen Entwicklung bei den Richtern und Staatsanwälten des OLG-Bezirks Hamm 1945-50. in: Justizministerium des Landes NRW (Hrsg.): Juristische Zeitgeschichte. Band 5. Düsseldorf 1996. S. 61 bis 94.

Noethen, Stefan: Alte Kameraden und neue Kollegen. Polizei in Nordrhein-Westfalen 1945 - 1953. Essen 2002.

Ortner, Helmut: Der Hinrichter. Roland Freisler - Mörder im Dienste Hitlers. Frankfurt am Main 2014.

Rasehorn, Theo: Zur »Renazifizierung« der Nachkriegsjustiz. ZRP 2000, 127.

Reichel, Peter: Vergangenheitsbewältigung in Deutschland. Die politisch-justitielle Auseinandersetzung mit der NS-Diktatur nach 1945. Bonn 2003.

Rohloff, Gabriele: »Ich weiß mich frei von irgend einer Schuld...« die Entnazifizierung der Richter und Staatsanwälte am Beispiel des Sondergerichts Bremen. Bremen 1999.

Rottleuthner, Hubert: Karrieren und Kontinuitäten deutscher Justizjuristen vor und nach 1945. Berlin 2010.

Wassermann, Rudolf: Auch die Justiz kann aus der Geschichte nicht aussteigen. Studien zur Justizgeschichte. Baden-Baden 1990.

Weinhauer, Klaus, Schutzpolizei in der Bundesrepublik: zwischen Bürgerkrieg und innerer Sicherheit: die turbulenten 60er Jahre, Paderborn [u.a.] 2003

Vom Autor bisher bei BoD erschienen:

- Wahlen? Welche Reformen braucht das Wahlrecht?

- INSM & Co. Wie die Wirtschaft unser Bewußtsein steuern will.

- Die INSM zwischen interessengebundener Ideenagentur und Lobbygruppe

- Beitrag zur Bewußtseinssteuerung. Ein Begleitbuch zur 3. Auflage von »INSM & Co«.